U0527152

四川歷史名人讀本

实施四川历史名人文化传承创新工程领导小组 主编

四川人民出版社

图书在版编目（CIP）数据

四川历史名人读本 / 实施四川历史名人文化传承创新工程领导小组主编. -- 成都：四川人民出版社，2020.10
ISBN 978-7-220-11621-6

Ⅰ.①四… Ⅱ.①实… Ⅲ.①历史人物—生平事迹—四川—通俗读物 Ⅳ.①K820.871-49

中国版本图书馆CIP数据核字（2019）第206673号

SICHUAN LISHI MINGREN DUBEN
四川历史名人读本
实施四川历史名人文化传承创新工程领导小组　主编

出 版 人	黄立新
项目统筹	蒋东雪　冯　珺
责任编辑	江　澄　何红烈　郭　健　范雯晴　冯　珺
特约编辑	朱成蓉
封面设计	李其飞
版式设计	戴雨虹
责任校对	舒晓利
责任印制	周　奇
出版发行	四川人民出版社（成都市槐树街2号）
网　　址	http://www.scpph.com
E-mail	scrmcbs@sina.com
新浪微博	@四川人民出版社
微信公众号	四川人民出版社
发行部业务电话	（028）86259624　86259453
防盗版举报电话	（028）86259624
照　　排	四川胜翔数码印务设计有限公司
印　　刷	四川华龙印务有限公司
成品尺寸	170mm×240mm
印　　张	15.25
字　　数	160千
版　　次	2020年10月第1版
印　　次	2020年10月第1次印刷
书　　号	ISBN 978-7-220-11621-6
定　　价	68.00元

■版权所有·侵权必究
本书若出现印装质量问题，请与我社发行部联系调换
电话：（028）86259453

写在前面

巴蜀的天空，星光灿烂：

大禹治水，华夏先民才有着落；

李冰筑堰，天府之国打下根基；

落下闳改历，过日子有了盼头；

扬雄多才，西道孔子岂是虚名；

武侯治蜀，鞠躬尽瘁感人肺腑；

武周女皇，独步天下千古一人；

太白诗仙，随黄河之水天上来；

工部著史，撼动古今诗情满怀；

东坡豪放，出生便令草木皆枯；

升庵何幸，终归能付笑谈之中。

……

让我们仰望星空，穿越历史，在这些历史名人身上了解我们的前世，看到我们的今生，思索我们的未来。读一读吧！

四川历史名人读本

【目录】

大禹：穿行迷雾中的华夏先祖 / 001

李冰：大国工匠　泽被后世 / 021

落下闳：测星观天　智士无双 / 041

扬雄：蜀地出异人　千秋一子云 / 063

诸葛亮：千古贤相　万世流芳 / 085

目录

武则天：无字碑述说唐史风云异彩 / 111

李白：生命的困顿与灵魂的飞翔 / 135

杜甫：大唐由盛转衰的忠实记录者 / 161

苏轼：人的丰富性的最佳诠释者 / 185

杨慎：耿介状元　铁骨戍仙 / 209

后记 / 236

大禹:穿行迷雾中的华夏先祖

大禹（约公元前21世纪）

夏代建立者，出生于今四川阿坝藏族羌族自治州境内。他领导人民疏通江河，兴修沟渠，发展农业。治水十三年，三过家门而不入。因治水有功，被舜选为继承人，舜死后即位。划定天下九州，铸造九鼎，第一次确立了君主世袭的政治制度。

大禹主要行迹

*古代文献记载石纽或在今汶川，或在今北川，总之位于今岷江上游和沱江上游一带。

**《禹贡》所记大禹行迹遍及九州。按《禹贡》所述，冀州、兖州、青州、徐州、扬州、荆州、豫州、梁州、雍州，均是大禹治水所及之地，但大禹所至九州的具体地点无从查证，故本图不便标示。

五千年中华文明史，源远流长。

亘古洪荒，天地混沌。传说自从盘古开天地，方使天升地降，世界清明。其后，历时千年，经过了三皇五帝才等来夏禹横空出世，穿越历史迷雾，向我们走来。

此时，正值公元前两千余年，距今四千多年前。

显然，对于万物互联、已将探索触角伸向无垠宇宙的现代人而言，大禹时代，何其虚无渺茫！迷蒙似九霄雾，杳然如天外风，早已消散于历史远端的广袤时空。至于大禹其人其事，更像是一个传说或者缥缈的影子，难以认知和触摸。

故此，若将这个传说或影子形诸笔墨，就好比是在花岗石上雕琢，不只是施展相关技艺，还需爬梳史料，淘涤泥沙，择取融汇，换言之，为影子赋形，使之形体合矩，血肉丰满，生命飞扬灵动。

最早记载大禹的是《诗经·商颂》《逸周书·商誓》《尚书·立政》《尚书·皋陶谟》等文献。

这是大禹最早投在历史上的影子，也可以说是被历史捕捉到的影子。捕捉也是澄清和勾勒，至少能说明两点：一、有大禹治水这件事；二、大禹有他自己的身世。正如《诗经·商颂》所言："洪水芒芒，禹敷下土方。"

在尧舜时代，整个地球都遭遇了大洪水。中原大地洪水泛滥，民不聊生。大禹率领民众治水，"三过家门而不入"，花费十三年时间才完成治水大业。因为治水有功，大禹受舜禅让继承帝位，建立夏朝。大禹将帝位传给伯益，其子启从伯益手中夺得，由此将中国从禅让的部落时代带入世袭的国家时代，夏朝从而成为史书记载的第一个世袭制朝代。大禹还以治水的经验，将所辖疆域划为九州，形成中国最初的行政区划雏形。作为夏代的开国君主，大禹是华夏国家文明的始祖。

这样的论述，从先秦诸子一直到司马迁，直至当下，已成普遍的常识性历史知识。然而奇怪的是，如果我们进入大禹研究的专业领域，爬梳典籍后会赫然发现，这个普遍性的历史知识绝非牢不可破。深究细节，会发现疑问重重：大禹是实际存在的人还是神话人物？如果是真实的人，他出生在哪里？他治理的是哪几条水？怎么治的？

令人欣然的是，学界对大禹的艰苦爬梳越来越走向理性、客观、清醒，并尽可能将大禹的史实从传说神话中剥离出来，得出了不少让人信服的见解。这些见解是我们写作大禹、还原大禹的基石。对于我们而言，实地考察大禹只是一种态度，学界的见解和勾勒以及对这些见解的甄别才是我们在花岗石上雕琢大禹形象的依据。当然，也包含了想象与直觉。

此外，需要说明的一点是，作为一个远古人物，大禹身上不可避免地具有浓重的神话色彩；而在思考为什么会有这些神话传说、大禹是如何"被神话""被传说"的时候,我们也深深地意识到,神话和传说也是我们了解大禹、走近大禹的重要感性素材。事实上,"禹的传说"已于2010年成功入选第三批国家级非物质文化遗产名录。

大禹是一个人

大禹是人还是神?他到底是真实存在的历史伟人、一个客观存在的部落联盟首领、夏的创建者,还是一个虚构的神话故事中的天神?由于至今没有发现夏代文字和考古材料作为绝对支撑,我们还无法明确地回答这个问题。这个问题是如此重要,以至于我们在走近大禹时不可回避。事实上,长期以来,文学界和史学界都是从神话的角度在理解大禹,很多典籍的记载都带有很强的文学气息。

比如《淮南子·坠形训》说大禹派一个叫太章的人,测量了东西间的距离,又派一个叫竖亥的人测量了南北之间的距离,还测量了洪水的深度,从昆仑取来息壤,治平洪水,划定九州。司马迁《史记·夏本纪》也说,大禹"行山表木,定高山大川","左准绳,右规矩,载四时,以开九州,通九道,陂九泽,度九山"。

这显然不太像是一个普通人的作为。近现代疑古学派学者顾颉刚、童书业从论证大禹为天神和神职人员出发,在其《九州之戎与戎禹》和《鲧禹的传说》里,认为大禹只是神话中的人物,是主管山川田土的神,不可能治水,更不可能划定九州,"无论如何,遍治四方名山一大"禹穴"

Large "Yu Xue"

金锣岩上，刻有楷书"禹穴"二字，"大径八尺，仙才天放，谨严有度"。据历代诸多文献记载，为唐代大诗人李白所书。

"禹穴"位于四川北川的禹穴沟。相传这里是华夏先祖大禹的出生地，自古就因"禹生西羌"而被称为"神禹故里"。（张杰 摄）

事，在禹的时代决计不是人力所能的"，进而考证《禹贡》中提到的地名、山川名，都是战国时代才出现的。而《禹贡》作于战国时代，因此禹划定九州的事，纯属神话。

顾颉刚一派的观点影响颇大，但持反对意见者的声音也很洪亮。郭沫若在《中国古代社会研究》里专辟"夏禹问题"小节，通过对《齐侯镈》《齐侯钟》及《秦公簋》的研究，认为"在春秋时代一般人之信念中，确承认商之前有夏，而禹为夏之先祖"，据此已足可论定夏代所传述的禹是人而不是神。

当代学者中持大禹是人的说法者占上风，认为大禹是一个活生生的人王，而不是一个天神。大禹身上有如此多的神话色彩，是因为有后人崇敬之情的渲染神化。在夏以后的文字记载中，尤其是在西周中叶以后，不但在《诗》《书》里大禹被神化，在青铜器铭文中也出现了对大禹的神化。从西周后期开始，全社会出现了对大禹的造神运动，直到战国时代，诸子重返理性，大禹作为人的身份才得到还原。

有研究大禹的学者特别指出一条大禹是人不是神的证据——战国时代，诸子都宣传大禹，且没有出现大禹是真人还是神话人物的争论；如果大禹是神不是人的话，那么战国诸子就会互相攻击，然而没有出现真假大禹的论辩。从这一点来看，战国诸子都相信大禹是人。在弘扬人文精神的战国时代，诸子多抛弃神化大禹的传统，恢复了禹作为人王的本来面目。在一个崇尚自由的批判精神的"百家争鸣"时代，假如有人伪造古史，怎么可能不遭到其他众多学派的指责和批驳？诸子典籍中引证上古传说极为丰富，并未被诸家指为伪作，这种情况本身就说明，引证材料的真实性乃是为诸家所公认的。

在《墨子·兼爱下》引有《禹誓》，是禹征有苗所作誓词。《墨子·明鬼下》也引有一篇《禹誓》，说是"姑尝上观乎《夏书·禹誓》"。此篇全文记载禹伐有扈氏、大战于甘（今河南洛阳）的誓词。从禹伐有扈氏的《禹誓》在商代即写成文本的情况看，底本必然是从夏代流传下来的口传本，出自殷人伪作的可能性不大。正是因为口传材料在其累代相传的长期流传中难免有所损益，而不同的文字写本又是采取不同的口传本，所以各种写本之间往往在文字上甚至内容上有所出入，但基本内容却是大同小异。墨、儒两家所传《禹誓》略有出入，原因即在于此。而且《秦公簋》《齐侯镈》《齐侯钟》等青铜器铭文中有关"禹迹"的记载，当可与《诗》《书》互参，证明"东西二大国（引者按：此指齐国和秦国）无不信禹为古之帝王且先汤而有天下也"。

缺乏夏朝的材料，后世关于大禹的论述说一千道一万都是一种追述。既是追述，就存在被增生、附加的可能，就要经受考证。这是事实。然而，我们必须清醒地认识到，不能采取历史虚无主义，因为大禹的时代没有文字流传下来，或者至今没有发现有关大禹的物证，我们就认为大禹不是历史人物；其实，对后人追述的记录进行一番考究之后，大禹的存在还是值得信赖的。从民族学的角度来看，一个族群关于自己祖先的出生传说的文字，一代代传下来，虽然有所添加，但核心的东西不会夸张到不可信的地步。如果大禹不是真实存在的人物，那我们从西周的文献到《史记》就显得可笑了。

在中国要追溯很古老的一件事情或一个人物确实很难，因为一些厉害角色，往往都是以神的形象出现的。中国文化本身，就有把人神化的倾向和传统。学者要做的就是尽量把这些神化的、梦幻的内容剥离开来，还原成真实的人物。

和大禹相似的例子是商代在发掘出土文物之前也被认为是虚构的，但是后来出土了甲骨文和青铜器，就证明了商代是确实存在的。

考古还在进行，未知仍在变成已知，假如明天我们发掘出夏代的文字和器物，那么夏代，包括大禹，一切问题也就迎刃而解了。

禹兴西羌　生于石纽

大禹是人不是神,那么大禹出生在哪里?

由于大禹治水是在中原,很多人误以为大禹是中原人。就大禹的出生,今天学界多持"西兴东渐说"。此一说主要文献依据最早可以追溯至司马迁《史记·六国年表》"禹兴于西羌"之说。继司马迁之后,南朝宋时期裴骃的《集解》引西晋皇甫谧《帝王世纪》语:"孟子称禹生石纽,西夷人也,传曰'禹生西羌'是也。"唐代学者张守节《正义》进一步解释说:"禹生于茂州汶川县,本冉駹国,皆西羌。"

裴骃《集解》依据《帝王世纪》所引孟子"禹生石纽"之传说,为《史记·六国年表》"禹兴于西羌"作注。司马迁之说依据在先秦古书《孟子》,然而,我们今天读到的《孟子》已无"禹生石纽"一语,或可理解为《孟子》在流传过程中有文字散佚,而"禹生石纽"恰在其中。《史记·六国年表》明确记载"禹兴于西羌"。汉初重臣陆贾所著《新语·术事篇》也明确说到"大禹出于西羌"。汉昭帝时桓宽所著《盐铁论·国疾篇》亦指出"禹出西羌"。《史记》《新语》《盐铁论》《蜀本纪》《越绝书》《三国志》等文献关于"禹兴西羌""禹生石纽"的记载如此广泛,古人的指认如此一致。可见,"禹兴西羌""禹生石纽"或许可考。

西羌在哪里?它跟今天羌族聚居地有什么关联?

所谓"西夷",亦指西羌也。"夷"是泛称,战国时代用以指称非华夏的中原周边族类。唐代以前,西羌为我国西部的大族,分布甚广,从甘、青以南直到四川西部、西北部草原及岷山、龙门山一带,均属西羌范围。今天的羌族不等于古羌族，而是由古羌族演变而来的。

西汉学者扬雄将先秦史料与西汉史料进行综合考察之后，首次提出大禹所生、所长、所兴、所出的"西羌"指的是西汉武帝时所设广柔县石纽村所在之羌乡。他搜集蜀中典故在其所著《蜀王本纪》中提到："禹本汶山广柔人也。生于石纽，其地名刳儿坪。"

扬雄时代的广柔县所辖包括今天四川阿坝藏族羌族自治州汶川县、茂县、理县和绵阳市北川羌族自治县。总的说来，均属岷江、涪江上游地区。广柔县初属蜀郡，后归入汶山郡，但具体地点则在今天绵阳市北川羌族自治县禹里乡。相传禹生日为农历六月初六。广柔县后来也叫石泉县，一度归属龙州、龙安府（今四川平武、江油、石泉等地）。扬雄之后，汉晋间史家也多称禹生石纽，关于大禹的传说故事更是广泛流传于这一自秦汉以来即为古羌人的聚居地。清乾隆帝《御批通鉴辑览》、乾隆版姜炳璋《石泉县志》、清嘉庆版《四川通志》以及当代《巴蜀文化大典》等书籍都沿引了这一观点。

古羌族没有文字，他们的史诗都是通过口耳相传的。至今，在龙门山中的石纽山、刳儿坪仍有很多大禹出生的传说性遗迹，以至秦汉时期被流放到这里的人们，都会把流放看成是"追随大禹的足迹"。除了传说，也有石纽山、禹穴、大禹庙等古迹存在。

在北川羌族自治县，流传着大禹出生于禹穴沟刳儿坪的神话传说。西羌是崇石的民族，在神话传说的流传地产生了以石为标志的夏禹崇拜。西蜀羌乡，以白石为图腾，形成白石崇拜，古称"石夷"。"禹生石纽"之"石"，在专家看来，也是一种石头崇拜的反映。四川大学历史系胡鉴民教授早在1940年就提出，禹生石纽的传说便是羌人白石崇拜的表现。《华阳国志》有载，羌人视石纽为大禹禁地而加以崇拜。

当下，行走在北川羌族自治县禹里乡会发现，当地人追思大禹的热情极高，"刳儿坪"为传说大禹之母生子之地。据传，大禹母亲是在泉边洗脸，看见月光照在水里，掬了一捧泉水喝下而受孕生下大禹的。当然，这些"遗址"都属传说性的、情感意义的，因为年代过于久远，材料不可确证，大禹具体的出生地自然无法准确到某个具体地方。作为大禹出生地，很大程度上只是后人文化心理折射出的一种认知，属于某一区域内某一处的遗产、景点和文化传承，但并不能说明其他几处就不是大禹出生的纪念地。

大禹出生的具体地点无法确证，但禹生西羌之地的石纽应大致在四川西北岷江、涪江上游地区。及禹长后，东进中原，开创夏王朝，随禹东进的羌人也就转化为夏王朝的主体民族。

大禹出于岷江、涪江流域，不少人都会觉得意外，但这却在情理之中。虽然岷江、涪江流域历来远离中原政权，但不少伟大的人物都是从西部崛起而后挺进中原的。大禹兴于西羌，夏朝盛于河洛，夏人亡于东夷。置于这样的历史背景下来看大禹文化，它的源头在西蜀，它的成功在河洛，它东转江浙，甚至远至日本。后来的历史，也多遵循西兴东渐这一规律。

大禹治水 人神合一

大禹是一个人，出生于西羌，我们由此对他有了一个最初的印象。西羌就是我们要雕琢的花岗石，充满神秘的石纽便是我们在花岗石上找到的一个元点。这个人要走出蜀地去中原。最初去中原未必是为了治水，很可能是与母亲一道作为家属随父生活。

> 洪水滔天，鲧窃帝之息壤以堙洪水，不待帝命。帝令祝融杀鲧于羽郊。鲧复生禹，帝乃命禹卒布土以定九州。

以上内容引自《山海经·海内经》，是较早记载大禹治水的文字，将时代背景和治水事迹交代得很清楚。

大禹治水之前是其父鲧治水。他用"水来土挡"的方法，适得其反，治水九年以失败告终。尧帝命令祝融将鲧处死在羽郊（今江苏东海和山东临沭交界处的羽山附近）。这以后，尧帝令鲧的儿子禹治水，并要他带上尺绳测量、划定九州。

大禹治水有替父受过的心理因素，只能成功不可失败。他从父亲治水的失败中吸取教训，决江疏河，惠利天下苍生百姓。因为治水有功，大禹成为中国历史上千古相传的英雄，治水之举也是流传最广的英雄事迹。

大禹最早是在哪里治水呢？

大禹研究专家从《尚书·禹贡》"冀州既载，壶口治梁及岐"，《诗经·大雅·韩奕》"奕奕梁山，维禹甸之"，王象之《舆地纪胜》卷三十"《禹贡》岷山在西北，俗谓之铁豹岭……禹之导江，发迹于此"等史料判断，大禹治水，最早是从江水上源岷江（明代以前认为岷江是长江正源）开始的，且正是因为大禹出生于古代水患频发的西部，积累了丰富的治水经验，之后才在治理中原腹地大洪水中展示出非凡的治水经验与才能。

大禹"岷山导江，东别为沱"的目的，或许在于解决成都平原常年遭受岷江水患的问题。四川盆地地势西北高，东南低，整个盆地由西北向东南倾斜，天然水系的分布由此也多为西北—东南向，加上成都平原东南边缘有龙泉山脉阻拦，造成排水困难，所以每当岷江上游山洪暴发，倾泻于成都平原时，平原就会遭受水灾。大禹治理岷江正是根据地势和水系分布，尽量把分洪水道安排在平原中部偏北，方向与天然水流交叉，自西往东，以顺应地势和水情。这样便于沿流程拦截暴雨径流，向东集中到沱江金堂峡这个出口泄走。这种根据地势和水情设计实施的分洪工程，就是在今天的水利专家看来，也是十分合理的。

据王象之《舆地纪胜》卷三十记载，大禹导江，治理岷江上游洪水，主要功绩是从岷江开挖出一条人工河道，用来分引岷江洪水，这条人工河道称"沱"。因而《尚书·禹贡》才有"岷山导江，东别为沱"的记载。

为什么将此河道称为"沱"呢？按照《尔雅》解释，出于江又还入于江叫沱；《说文解字》解释"沱"为"江别流也"，就是从大江分别出一条水道，这条水道又还流入大江。大禹开挖的这条人工河道，根据《汉书·地理志》和历代注疏家的意见就是"江沱"。依照清人胡渭《禹贡锥指》等的注疏，江沱的进水口在今都江堰南马尔墩，江沱在这里首受岷江后，东行经徐堰河故道，注于毗河，再向东直入金堂峡，汇入沱江后南行，在今泸州还入大江。

大禹对岷江洪水的治理，使得从川西北到川西南的广大地区都得到惠利，农业发展，水利兴旺，道路通达，推动了蜀中社会的发展。四川历代建有禹庙，铭记大禹治理洪水之功。大禹在蜀中积累治水经验，然后动迁中原。当滔滔洪水来临、泛滥中原时，禹用疏导之法以治洪水，备受推崇，后终为夏王。

根据考古资料和古文献记载，今天尚存的大禹治水遗迹首推禹会村遗址。禹会也称禹墟，在安徽蚌埠市西郊涂山南麓的淮河东岸，属龙山文化遗址，总面积为五十万平方米。涂山有大会诸侯遗址、娶女首领为妻的涂山氏国遗址，并残留有禹王宫、启母石、台桑、防风冢等遗迹。涂山禹王宫留存有狄仁杰、柳宗元、吴文魁、苏轼、苏辙、宋濂、邓石如等历代文人名宦游览凭吊大禹的手迹。

此外，相传黄河上游的龙门山禹门口（今陕西韩城与山西河津之间）为大禹所凿。龙门山堵塞了河水的去路，河道十分狭窄，洪水受到龙门山的阻挡时常溢出河道，引起水患。禹到此观察地形，带人在山间凿开一个大口即龙门，河水从此畅通无阻。河里的鲤鱼为激流所迫，不断向下跃出龙门，民间流传的"鲤鱼跳龙门"的故事便由此演变而来。

另外，山西芮城县东南五公里处黄河岸边的神柏峪，相传是大禹勘察水情拴马歇脚的地方。后人在此建有禹王庙，以示纪念。

在中原和江南一带尚有更多大禹的遗迹。安徽境内的禹墟、陕西境内的禹门、山西境内的禹门口和禹王城址自不必说，尚有河南开封的禹王台、禹王锁蛟井，湖北武汉的禹功矶，湖南长沙的禹王碑，浙江绍兴的禹陵……这些遗迹伴随着传说，遍布中国，既是大禹治水的物证，也

位于浙江绍兴的禹庙

是千百年来国人对大禹崇敬与纪念的物证。

在殷商以后所传文献中，我们都能见到对大禹治水的记载，《庄子·天下》《山海经·大荒北经》《诗》《书》《孟子》和《吕氏春秋》等古籍都有描述。法家代表韩非子对大禹的记录更为详尽生动——"禹之王天下也，身执耒锸以为民先。股无胈，胫无毛，虽臣虏之劳不若于此也。"《吕氏春秋·爱类》也说，"禹于是疏江决河，为彭蠡之障，乾东土，所活者千八百国，此禹之功也。勤劳为民，无若乎禹者矣"。

《诗经》有言："洪水芒芒，禹敷下土方！"《尚书》曰："禹平水土，主名山川！"《左传》云："美哉禹功！明德远矣。微禹，吾其鱼乎！"《史记》中则说："大禹平活水土，功齐天地！"

大禹治水功绩彪炳，他在后人的心目中成为"神"一般的人物，并流传下来诸多关于他的传说。英雄时代，人神合一，这是英雄精神的腾飞，也是自由与想象的抵达。

大禹治水在中国文化中还有更深一层的隐喻，那就是对于国家、政治、教育乃至人性的管理，宜疏导而不宜封堵，疏则通达，堵则灾患无穷。

统一诸侯　建立夏朝

大禹治水获得空前成功，舜禅让王位于禹。

大禹之前，天下是按照氏族划分的，到了大禹，改为按照山川河流划分，具有更宏大的整体观。禹还规定，天子帝畿以外五百里的地区叫甸服，再外五百里叫侯服，再外五百里叫绥服，再外五百里叫要服，最外五百里叫荒服。甸、侯、绥三服，进纳不同的物品或负担不同的劳务。要服，不纳物服役，只要求接受管教、遵守法制政令。荒服，则根据其习俗进行管理，不强制推行中央朝廷政教。

禹继位后，在涂山召开诸侯大会，这即是《左传》所载"禹会诸侯于涂山，执玉帛者万国"。

涂山大会表现了大禹创立夏朝的初心。

大禹当上了九州之主，资源、财富和权力的集中已经达到相当程度，此时已无四岳十二牧的羁绊，俨然已是天下共主。此后大禹发动了一系列讨伐征战，征伐同姓和异姓诸侯或酋邦。《史记·夏本纪》《墨子》《韩非子》都记载了大禹征伐诸侯国、征伐三苗，建立统一王国的事迹。

根据文献记载，大禹分三个步骤实施其创立夏后氏家天下的方略：第一步诛杀防风氏以正国之纲纪，第二步讨伐有扈氏以消除同姓诸侯中的异己，第三步征伐三苗以达天下咸服。随着三大战役的胜利，大禹已成为事实上的天下共主，以胜利者的姿态造成了天下咸服以至家天下的既成事实，为夏王朝的发展扫除了障碍。

为巩固新兴的夏文明，大禹推行实施一系列举措，其中最为重要的

位于四川北川的石纽题刻。石上有阳刻"石纽"二字，每字高、宽各为四十厘米，相传为汉代学者扬雄所书。史载"禹生石纽"之"石纽"指的就是这个地方。今浙江大禹陵"石纽"二字即以此处题刻拓片复制。（张杰　摄）

就是收缴各地诸侯的战略物资，并用收缴的青铜制作"九鼎"，据以征收贡赋。《史记·封禅书》记载"禹收九牧之金，铸九鼎"，可知九鼎是在征服了"九州之牧"（"牧"，即古称的"长"，"九牧"实即九州之长）即众多古国以后，运用其至高无上的君主权力强制性地收缴九州的青铜，集中铸造出来的。《汉书·郊祀志》也记载："禹贡金九牧，铸鼎于荆山下，各象九州之物。"

大禹死后，禅让王位于伯益，其子启通过武力征伐伯益，将其击败继位，成为中国历史上由禅让制变为世袭制的第一人。从此，公天下变为了家天下，中国正式告别原始部落联盟，迈入奴隶制社会。启也成为历史上第一个帝王，而他的父亲大禹则被视为夏的奠基人。夏的建立，标志着部落联盟的社会形态正式进入了国家阶段。

经过上述的梳理，大禹作为人的形象渐渐清晰。在西羌和中原这块花岗石上，不仅呈现出这位上古英雄的轮廓，也呈现出我们伟大先祖的精神品质。

走近大禹，怀着一种崇敬之情，用一种人类文明的价值观与审美视角洞悉大禹、感知大禹，发掘并找回我们在历史迷雾中失却的大禹精神。

（张杰　撰稿）

文化底层

文化底层是指存在于不同区域中的一种或数种来源相同、年代古远，并在各自文化序列中处于底层或带有底层特征的共同文化因素。从底层这个视角出发，对古史传说中大禹的出生地进行历史文献和考古资料的综合分析，可以看出"禹兴西羌""禹生石纽"等史传反映了中国上古的历史实际，并可由此进一步看出古蜀与中原古文化所具有的深厚的共同文化因素，它们便是中国西部古文化的原生底层，是中华文化和华夏文明最重要的标志和里程碑。

按照我们的认识，文化底层应当具有三层含义：第一，来源于一个共同的文化祖源。第二，积淀为各地区文化序列的底层。所谓底层，是相对于文化序列的发展演变而言。第三，在各地区文化的发展演变中，底层特征恒久不变地保留并贯穿于各个发展序列，长期而持续地发生着它特殊的重要作用。

仔细考察中国古史传说，我们可以发现它有极为深厚的文化底层，而且中国古史传说的深厚底层主要来源于以黄帝为首的"五帝"和夏禹，其中的西部底层特征表现得至为明显，而西部文化底层恰恰与长江上游古蜀文化有着不可分割的血肉关系。对这个问题进行分析，将不仅可以使我们更加深刻地认识中国西部文化的重要性，而且还能更加清楚地看出中国古史传说的构成格局。

走出疑古时代

有关中国古史传说的真伪问题，历代都有学者提出讨论，尤其从20世纪二三十年代以来，学术界更是开展了将近七八十年的热烈争辩，成果不可谓不丰。1992年，李学勤先生明确提出"走出疑古时代"。可以说代表了当代先秦史学界在理论、方法和学术思想等方面对早年疑古派的主张加以扬弃的最新成果，因而得到学术界普遍的赞同和支持。我们也曾指出，古史传说尽管有不少衍生增饰之处，它的形成实际上经历了一个从多元（地域性、族群性）起源到一体（全国性、民族性）发展的综合化过程，所以其中有不少抵牾之处；但是，一旦我们从古史传说中剥离开那些衍生增饰的成分，从综合而成的古史传说中分别出它们各自的原生地域和族群，并证之以相关的考古材料，就能够找出古史传说的原内核，还以古史真面目。

李冰：大国工匠 泽被后世

李冰（约公元前3世纪）

战国时代卓越的水利工程专家。秦昭王后期（公元前256年—公元前251年）蜀郡太守。主持设计和兴建都江堰，凿离堆，凿涵崖（今夹江境内），治洛水（今什邡境内），导文井江（今邛崃境内），开广都盐井等全蜀重大工程。

李冰主要行迹

江水初荡潏

水是生命之源,世界文明无一例外发源于水。

这样的水也曾以岷江的名义流淌过巴蜀大地。

水诞生了文明,同时又在毁灭文明。人们对水又爱又恨,亦欢亦悲。岷江就是这样一条变幻无常、神鬼莫测的河流。早在秦代,岷江就被列为国家祭祀的十八处山川之一。它孕育成都平原,衍生江源文明,堪称我们的母亲河,但它同时又泛滥成灾,旱涝无常,冲毁庄稼,卷走牛羊。岷江两岸的人民上午还在载歌载舞,欢庆丰收;下午可能就要抱头痛哭,因为丰收的五谷或许已然颗粒无归。

因此,唐代诗人岑参在《石犀》一诗中写道:"江水初荡潏,蜀人几为鱼。"

从岑参的诗中,我们不难想象几千年前沿岷江而居的蜀人的生活状况。而事实上,现实比诗歌更糟糕。所以,历代治蜀者都明白,治蜀必先治水。

尽管大禹和蚕丛、柏灌、鱼凫、望帝、丛帝等古蜀王为岷江治理殚精竭虑，但因为客观原因，岷江一直没有得到根本性的治理，蜀人依然时常过着"几为鱼鳖"的悲惨生活。不过，古代治水者们的艰辛付出，却为都江堰的修建提供了坚实的精神、物质与技术准备。

此刻，时代呼唤着一个大禹似的治水英雄出现。

得蜀则得楚

正如长城的修建不是为了参观游览，都江堰的修建，最初也不是为了四川盆地的农田灌溉。

在那个战乱频仍的年代，所有的工作都是为了战争。

时值战国末年，社会板荡之际，秦惠文王给他的大将司马错一个重要使命，亲率大军，完成统一六国大业。

此前，大夫张仪和大将司马错还在朝廷上有过一次激烈的辩论。主张连横策略的张仪认为，蜀国不过是与戎狄为邻的西僻小国，攻蜀价值不大，他主张伐韩亲魏善楚，下三川（河、洛、伊）兵临周城，据九鼎按图籍，挟天子以令诸侯。而司马错恰恰与他意见相反，站在作战地图前，深具政治眼光和军事眼光的他，慎重而坚定地对秦惠文王说："其（蜀）国富饶，得其布帛金银足给军用；水通于楚，有巴之劲卒，浮大船以东向楚，楚地可得。得蜀则得楚，楚亡则天下并矣！"

公元前316年，司马错率军以势如破竹之势，将巴国与蜀国纳入了秦的版图，改置为巴郡、蜀郡。于是，秦国把以楚国等为主要兼并对象的统一全国的战争，推向了一个新的阶段。但是，战争需要储备大量的物资作保障，为此，非常重视生产的丞相范雎把目光投向了广袤的成都平原。在人们尚不能完全认知地理的时代，岷江一直被认为是长江的主流，楚国位于长江中游，因此，位于长江上游的巴蜀，既是秦国的战略后方，又是顺江而下灭楚，进而统一天下的战略前哨。

范雎将发展蜀郡的经济提上了重要日程。但是，该向秦昭王推荐谁做蜀郡的太守呢？范雎陷入了沉思。

此刻，蜀郡期待一位德才兼备的治水官员出现。

冰从何处来

公元前276年。

这个人来了，他的面目有些模糊，他的身世有些渺茫。

他就是李冰！

关于李冰，历史文献中记载很少，语焉不详，因为那毕竟是一个遥远的年代。他究竟生于何时何地，属秦人、晋人、蜀人，还是氐羌人，是否凿过离堆、导过江流，都是学者们曾经怀疑的，甚至有人怀疑是否确有李冰其人。

现存典籍中关于李冰的事迹，最早见于著名史学家司马迁所著的《史记·河渠志》，书中记载："蜀守冰，凿离堆……"司马迁著史严谨，惜墨如金，他介绍的李冰，因为言语太简，只有官衔和名，没有姓，给后人留下了一个谜团。班固著《汉书·沟洫志》时，在"冰"字前加上了"李"，这个足以辉耀千古的治水者才有了完整的姓名。

晋代江原（今崇州）人常璩在完成《华阳国志·蜀志》时，比较详尽地记述了李冰在蜀治水的事迹，为我们勾画了一个较为完整的关于李冰率众修建都江堰的事迹。著名地理学家郦道元在《水经注·江水》里也有记述，而且，许多典籍中还说李冰曾与战国时代的鬼谷子为友，知天文地理，察水情，还留下了三石人镇水，兼做水位测量准则。

1974年3月3日在安澜索桥段下发现的李冰石像

1974年3月3日，事情发生了转折。在都江堰内江河床安澜索桥段下，人们从4.5米深的地下出土一尊完整的石像，引起了整个水利界、文化界和考古界的轰动。石像高2.9米，肩宽0.96米，厚0.46米，重约4.5吨，造型简洁朴素，神态从容，平视而立，眼角和唇边微露笑容，身着秦冠服，手置胸前。两袖和衣襟上，有浅刻隶书题记三行，共计三十八字，字迹清晰，字内朱砂犹存。中行为"故蜀郡李府君讳冰"，左袖为"建宁元年闰月戊申朔廿五日都水掾"，右袖为"尹龙长陈壹造三神石人珎水万世焉"。

至此，关于都江堰的创建者是李冰已为确论，但是关于李冰是哪里人却又成了人们讨论的焦点。有学者认为李冰是秦国人，依据来源于唐代大书法家虞世南的《北堂书钞》之记载；有学者认为李冰是蜀人，依据是《蜀王本纪》之记载；有学者认为李冰是巴人，依据是清代陈怀仁《川主三神合传》之记载；还有人认为李冰是逃亡犯人，依据还是《蜀王本纪》之记载。其实，李冰是哪里人并不重要，重要的是他在四川留下了一座灌溉了两千多年且至今仍在发挥效益的都江堰！

在都江堰，有许多关于李冰伏龙的传说。

其实，传说往往来源于生活。因为在那个认知有限的年代，岷江就是人们眼里一条喜怒无常、难以降伏的"恶龙"。

秦昭王三十一年，也就是公元前276年，深思熟虑后的秦昭王在他的书房内拟了一道任命的诏书。这是一道任命李冰担任蜀郡太守的诏书，从此，一个关心民众的官员，有了一份实现自己理想与抱负的权力，对李冰、对国家、对人民来说都是一件幸事。大约就在李冰到任后的第三年，也就是公元前274年，他开始着手修建都江堰。岷江出山口那片平坦的区域，成了当时中国最为壮观的建设工地。修建者多达十万人，李冰则以蜀郡太守和大国工匠的双重身份成为这项工程的总设计师。

经过数次或溯江而上，顺流而下的认真勘测，李冰决定，不修建水坝，修建鱼嘴分水堤、宝瓶口和飞沙堰来构成都江堰的渠

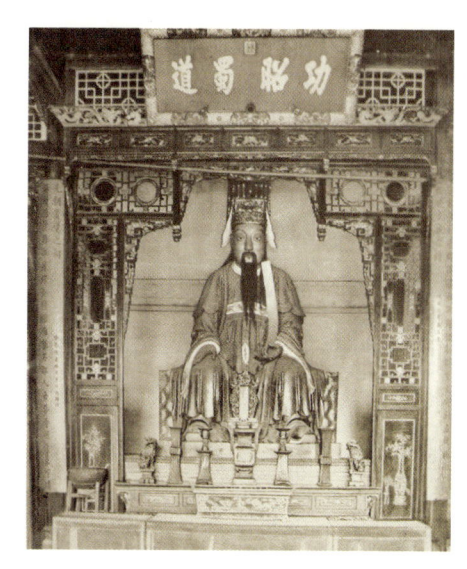

李冰塑像（［德］恩斯特·柏石曼　1909年摄）

首工程，三大工程顺应自然，首尾呼应，实现了堤防、分水、泄洪、排沙、控流相互依存，互为一体，保证了防洪、灌溉、水运和社会用水综合效益的充分发挥，而密如蛛网的沟渠则是蜀郡农业生生不息的经络与血脉。

李冰和当时的水利工作者们是非常有智慧的，两千多年前，他们就懂得如何与自然和谐相处。即使到了两千多年后的今天，都江堰也依然是人与自然和谐相处的典范，是全世界迄今为止仍惠及后人的一项古代大型生态工程。它开创了中国水利史上的新纪元，标志着中国水利史进入了一个崭新的阶段，在世界水利史上写下了最辉煌的篇章。它当之无愧地成为中国古代劳动人民勤劳与智慧的结晶，成为中华文明划时代的杰作。

妙手筑杰作

人们忍不住要问：为何一座用凿子、榔头、长锸修建的水利工程，一座用石、土、竹、木铸就的水利工程，在经过两千多年的沧海桑田之后，依然能长盛不衰、功效日巨呢？

智慧的李冰，把都江堰工程的修建之处，选择在岷江的弯道上，利用弯道的水流规律，把江水引入都江堰渠首。因为都江堰的海拔为七百三十米，而成都平原周边海拔在四百三十米左右，形成了3‰-6‰的坡降。成都平原从岷江的出山口起，就像一把扇子向北、东、南三个方向徐徐展开，都江堰恰巧处于制高点的柄端，西北面的绵竹市、彭州市，东南面的成都市、金堂县、大邑县、新津县、仁寿县、简阳市、中江县、三台县，地势顺势而下。渠首高，灌区低，这就使广阔的川西平原及其附近浅丘地区得以实现自流灌溉。

李冰就像一位长者，他站在都江堰边，抚摸着江水，梳理着江水，指挥着江水，告诉它们："你走这边，它走那边。"

岷江水顺着弯道流下来，水面自然变宽，水速减缓，于是鱼嘴分水堤把岷江水分为内江和外江，内江灌溉川西平原，成为成都地区工农业生产和居民生活用水的主要水源，内江下段即为府南河，流经成都并汇入长江；外江泄洪排沙，与青衣江、大渡河汇合后，亦流入长江。依据四六分水原则，平时六成江水流入内江，保证成都平原的航运灌溉；夏季洪水到来之时，则利用弯道水流运动规律，将六成以上的江水泄入外江主流，只有四成水流入内江，以免成都平原遭受洪涝之灾。同时，内江最终入口宝瓶口，如同约束江水的瓶颈，以它永恒不变的宽度，牢牢地控制住入水量，使多余的江水无法进入成都平原，转而从飞沙堰溢入外江。如果水量仍然过多，宝瓶口边的溢洪道将对内江水流再次分流，以确保成都平原安全。

不仅如此，全世界水利工程都为之困扰的泥沙排放问题，早在两千多年前的都江堰水利工程中，就得到了最为精妙的处理——在鱼嘴分流的地方，内江处于凹岸，外江处于凸岸，根据弯道的水流运动规律，表层水流向凹岸，底层水流向凸岸，因此，随洪水而下的沙石，大部分随底层水流流向了外江，分沙之后，仍有部分泥沙流入内江，这时，弯道又利用江水直冲水底崖壁而产生的漩流冲力，再度将泥沙从河道侧面的飞沙堰排走，洪水越大，沙石的排除率越高，最高时竟可达百分之九十八。而且，都江堰水利工程中所采用的"深淘滩、低作堰""逢正抽心、遇湾截角"等治水经验和"杩槎""竹笼""干砌卵石""羊圈"等独特的工程技术沿用至今，并被广泛运用于黄河流域和珠江流域的防洪抢险之中。

天府从此名

都江堰建成后，泽被三郡，溉田八十余万亩，让原本水旱无常的巴蜀大地出现"沃野千里，水旱从人，不知饥馑，时无荒年"的丰收盛景。据《史记·河渠志》记载："蜀守冰凿离堆，辟沫水之害；穿二江成都之中，此渠皆可行舟，有余则用灌溉，百姓享其利。至于所过，往往引水益用，溉田畴之渠以万亿计，然莫足数也。"从此以后，蜀地经济空前繁荣，人们丰衣足食，盆地之内犹如天之府库，物资取之不竭，用之不尽，四川因此而被世人誉为"天府之国"。

此时，已是战国晚期。秦国因为有了蜀郡这样一个富庶的战略后方，国力与日俱增，成为当时中国疆土上最强大的王国。公元前223年，秦军击败楚军，俘虏楚王负刍，攻占楚国全境，在楚地设置楚郡，并在两年后统一了六国。

正是因为有了蜀郡做后盾，秦国才能在七国之战中"操纵予夺，无不如意，于是灭六国而统一天下"，建立了一个统一的多民族的封建王朝——秦王朝。

有史料记载，战争结束时，秦国骄傲的君臣们不得不承认，没有蜀郡在人力、物力、财力上的大力支援，要想取得战争的胜利，至少要延迟近百年，这将改变中国历史的进程，而蜀郡的后援，真正的幕后依仗，正是都江堰。

在随后的岁月里，都江堰凭着它对蜀地无私的灌溉，使成都成为富庶的天府之国，不仅养育了众多的巴蜀儿女，而且还曾多次赈济全国性灾荒，仅汉代就有三次。纵观中国两千多年历史，这样的庇护与濡养从没间断过。进入20世纪，因都江堰而造就的天府之国四川，对多灾多难的中国给予了更大的支持。抗战时期，蒋介石曾经说过："只要能够坚守四川，守住西南，哪怕丢失了关内的十五个省，也一样能够打败日本。"四川因此成为中国抗战的大后方，而四川的富庶与稳定是都江堰所奠定的。

抗战胜利后，《新晚报》曾经发表了社论《莫忘四川》，文章写道：

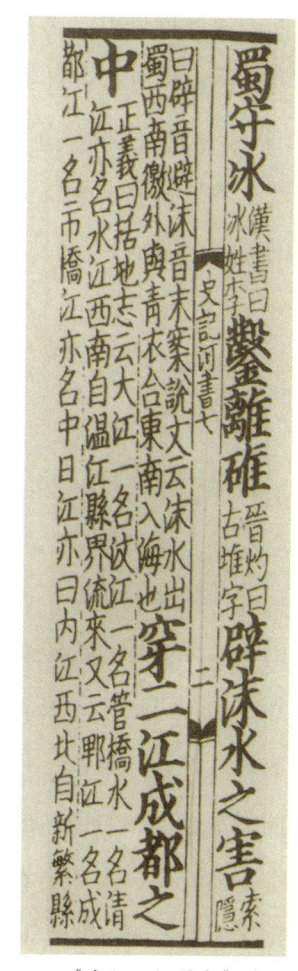

> 四川对于抗战的贡献是特殊的，抗战期中，四川不仅成为中枢政府所在，容纳了所有全国性的行政机关，养活了不愿做

《史记·河渠书》关于都江堰的记载

奴隶的官民，就支持抗战一事而论，征兵征粮，以四川的负担最重，出钱出力，又总是率先倡导。假如没有四川，我们就不能想象抗战何以能支持如此之久……

万世资灌溉

都江堰对天府之国的灌溉与滋养不仅体现在水利方面。

都江堰作为天府之源，不仅造就了天府之国，而且孕育了巴蜀文明，同时它不断地丰富着天府文化。余秋雨说："都江堰是解读中华文明的钥匙。"清流千里的都江堰不仅是成都城市发展的摇篮，成都经济社会发展的生命线，而且还是长江上游文明的原动力。如果缺少了都江堰这个长江文明的原动力，巴蜀文明和长江文明不可能像今天这样辉煌灿烂，中华文明也会因缺乏长江文明的重要支撑而黯然失色。

都江堰催生了道教。除了地理与思想上的因素之外，都江堰造就的天府之国的富庶为入教者需交五斗米，提供了物质保障。都江堰的创建直接促成了道教在四川的产生，而道教对中国文化的深远影响，实际上就是清流千里的都江堰两千多年来对中国政治、经济、哲学、科技、文化和民俗的灌溉与滋养。

都江堰灌溉了文化。它造就了无数影响神州的文化精英。在都江堰的滋养与泽被下，都江堰灌区在每个时代都会孕育一批震惊宇内、影响时代的文化精英，比如汉之司马相如、扬雄，晋之常璩，唐之陈子昂、

李白，宋之苏洵、苏轼、苏辙，明之杨升庵，清之李调元，近现代之谢无量、郭沫若、巴金、李劼人等。这些喝着都江堰水长大的文化巨擘，永远辉耀华夏文化的星空。

都江堰滋养了思想。它影响着中国思想潮流。从古至今，都江堰所灌溉的四川孕育了蜀地人民乐观、奋进、包容的性格。仅仅以20世纪为例，这一时期全国风起云涌的保路运动、新文化运动、新民主主义革命、出川抗战等各种时代巨变以及思想革故鼎新的浪潮中，四川人总是不甘人后，贡献杰出，可歌可泣。

千秋奉川主

除了修建都江堰之外，李冰还在岷江正流上主持修建了一条人工河道——羊马河，在南安（今四川乐山境内）与僰道（今四川宜宾境内）两地开过雷垣、盐溉、兵阑诸山岩河滩，兴建文井江、白木河、洛水、绵水等江河堤防，并引水灌田。

李冰任蜀守期间，对蜀地其他经济建设也做出了贡献。李冰"识察水脉，穿广都（今成都双流）盐井诸陂地，蜀地于是盛有养生之饶"。在此之前，川盐开采处于非常原始的状态，多依赖天然咸泉、咸石。李冰治蜀时期，当地人发明了凿井汲卤煮盐法，结束了巴蜀盐业生产的原始状况。这也是中国史籍所载最早的凿井煮盐的记录。李冰还在成都修了七座桥，据《华阳国志·卷三》载："直西门郫江中曰冲治桥；西南石牛门曰市桥，下石犀所潜渊中也；城南曰江桥；南渡流曰万里桥；西上曰夷里桥，上（亦）曰笮桥；桥从冲治桥西出北折曰长升桥；郫江上西有永平桥。"

大约公元前235年，李冰在四川什邡洛水镇修建水利工程时，因过度劳累，病逝于此，葬于洛水之旁的章山之上。

因为李冰为蜀地的发展做出了不可磨灭的贡献，人们永远怀念他。两千多年来，四川人民把李冰尊为"川主"，历代都有大规模的祭祀李冰的活动。据东汉应劭《风俗通义》载："秦昭王听田贵之议，以李冰为蜀守，穿成都两江，造兴田万顷以上，始皇始得以利并天下，立其祠也。"从汉代开始人们对李冰进行敕封，汉高祖刘邦封李冰为"昭应公"，后汉又加封为"大安王"，蜀汉刘备又改封为"应圣灵显王"。又据《新唐书》和《太平寰宇记》记载，南朝齐建武年间（494年—498年）益州刺史刘季连将原渠首处的望帝祠迁至郫县，重建为今天的望丛祠，并在渠首望帝祠的庙基上修建专门祭祀李冰的崇德庙（今二王庙）。

每年清明，人们都会在二王庙戏楼上唱戏以纪念李冰。（［美］张伯林　摄于1909年）

祭祀李冰从唐代开始从民间活动升格为国家行为。在成都、什邡等地掀起了修庙宇祭祀李冰的热潮。唐朝皇帝专门敕封李冰为"神勇大将军""司空相国""赤城王""济顺王"，并规定将祭祀李冰纳入官方的正式祭祀范围，每年春秋两季采用少牢之礼隆重祭祀李冰，祭品规格是两牲，即用羊和猪搭配上其他物品，由地方官员主持祭祀。而在民间，人们则以设斗牛戏等方式祭祀李冰。

李冰在宋代受到了空前的礼遇，被追加了"灵应公""广济王""英惠王"等封号，同时在崇德庙设置监庙官，并规定祭祀李冰排在与祭祀五岳同一级别。太平兴国三年（978年），官方正式将清明节定为放水节，初定每年祭祀一次，后改为每年春秋祭祀两次，同时开展了相关的商业活动，比如在节日期间集中出售各种商品，这已经具有"物资交易会"的雏形。

元代追封李冰为"圣德广裕英惠王"，重新把李冰从神归位到人间治水英雄的位置上来，把眼光重新瞄向与人们生产生活休戚与共的都江堰水利设施上，同时重视每岁对李冰的祭祀。据《元史·文宗纪》载，元朝时的祭祀规格为："帛一、羊一、豕一、登一、铏一、簋二、簠二、笾四、豆四、尊一、爵三、炉一、镫二。"

明代沿袭元代祭祀李冰的旧典，同样在春秋两季，由官员和在四川巡视的中央大员亲自到都江堰所在地灌县，对李冰进行隆重祭祀。为了迎接这些大员到灌县祭祀李冰，灌县还专门建有供官员休息的驿馆，久而久之，因驿馆主要接待朝廷大官，这条街道就被称为"大官（观）街"了。同时李冰父子的影响在民间不断扩大，明代掀起了一个民间祭祀李冰的高潮。明嘉靖十二年（1533年），由四川省府出资重修崇德庙，使崇德庙的规模扩大到有正殿五间、寝殿三间、祀堂十二间、廊房二十八间的规模。这一时期，也掀起了兴建川主庙的高潮，夹江、简阳、犍为、长寿、江津、乐山、名山、什邡、内江、大邑、新都，甚至少数民族地区都纷纷修建了川主庙纪念李冰。

到了清代，多位皇帝先后为李冰加封了"敷泽兴济通佑王""通佑显英王""通佑显惠襄护王"等封号，并提高了清明放水节的规格以显示对李冰的尊崇。

中华人民共和国成立以后，保持了清明放水节习俗，后曾中断。1990年，因为我国改革开放的形势发展和对传统民族文化的重视，中共都江堰市委、市人民政府决定恢复清明放水节习俗。当年清明节，仿照1950年的形式举行了清明放水节典礼。为了增强文化内涵和历史内涵，从1991年起，举办清明放水节时，增添了再现清明放水节以少牢之礼祭祀李冰的仪式，使祭祀场面更具有历史的厚重感。2006年，都江堰清明放水节被评为国家级首批非物质文化遗产。

从古至今，四川地区为纪念李冰而修建的各种庙宇比比皆是，川主庙遍布全川，将蜀人对李冰的爱戴和景仰之情流露无遗，春去秋来，岁岁年年，四川人民都没有忘记李冰，没有忘记这位敢于创新、造福于民的历史名人。

精神世代传

都江堰既不是一蹴而就的，也不是一劳永逸的水利工程。

在世界古老的水利工程中，古巴比伦王国纳尔–汉谟拉比渠和罗马的人工渠已消失，比都江堰晚五十年修建的郑国渠已断流，灵渠灌溉面积不断萎缩……而都江堰水利工程却延绵千年，永续利用。

这主要得益于历代管理都江堰水利工程的"李冰"们在继承李冰"工匠精神"的同时，也在传承李冰"造福于民"的为政思想，千百年来，他们勤勤恳恳、兢兢业业地对都江堰水利工程进行了细心的维护、修缮和拓展。

正是有了历代"李冰"们的辛勤工作，才有了天府之国两千多年的富庶和繁荣。

特别是改革开放四十多年来，都江堰灌区不断拓展。1978年前，都江堰灌区面积为678万亩；20世纪80年代，都江堰灌区进一步发展，三穿

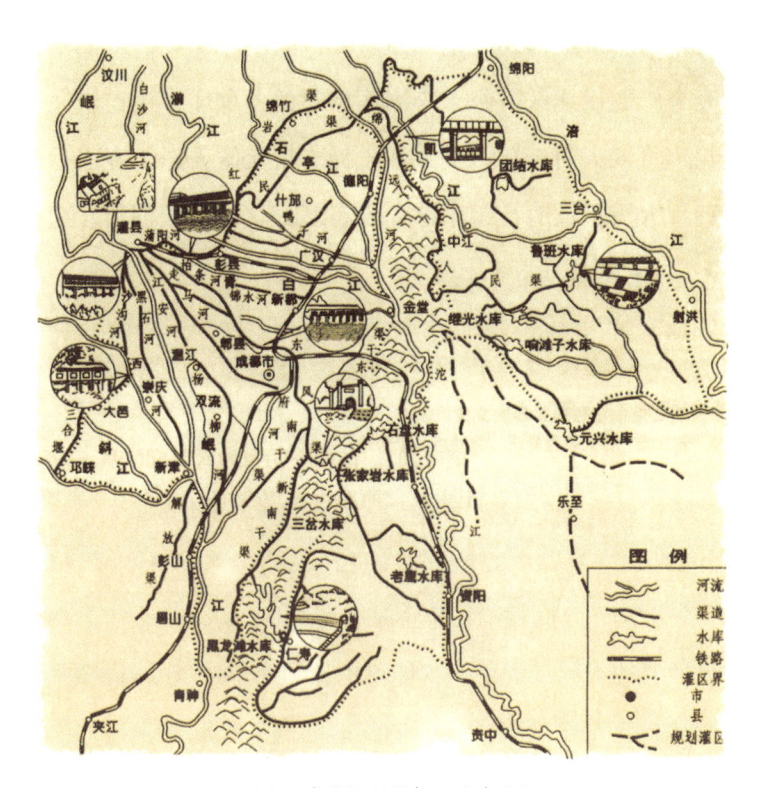

20世纪80年代绘制的都江堰灌区图

龙泉山，引水到丘陵，修建了人民渠六期、七期工程，东风渠五期、六期工程，都江堰灌溉面积扩大858万亩；90年代，灌区范围增加到三十四个县，1002.88万亩；到2019年，都江堰灌区范围发展到七市、三十八个区（市）县，面积1076万亩，雄居全国之首。同时还为众多大中小城市和工矿企业提供生活、生产和环保用水，创造了单江水利效益最好的世界纪录。

东流不尽秦时水，西望长陪太守祠。

只要都江堰还在流淌，李冰精神就会像奔流不息的江水，世代流传。

（王国平　撰稿）

[延伸阅读]

智慧润千载

都江堰水利工程的建设,体现了先人过人的智慧。

两千多年前的宝瓶口是玉垒山体的一部分。要把一整座由坚硬岩石构成的山体从中凿开,疏通一条河流,在战国时期,难于登天。在没有炸药,没有现代化机械的情况下,全靠人使用锤子开凿,按照当代科学家的计算,至少需要三十年,而李冰成功开凿宝瓶口却只用了八年。

传说因为工程进展很慢,李冰为此愁得吃不下饭,睡不好觉。一天晚上,他沿江走访,在江边遇到一个老太太,老太太招呼李冰喝水。离开时,老太太将没喝完的水随手倒在了烧得通红的鹅卵石上,只听见一阵清脆的爆裂声,原本滚烫且坚硬无比的卵石遇见冷水一下子就四分五裂了。李冰灵机一动,凿玉垒山也可以用这种方法。

于是,李冰马上召集民工,将这一方法告诉了他们。第二天,民工们停止了敲凿石头,先将内江截流。同时安排了一批民工到玉垒山上去砍柴。民工们将柴架在山岩上,一层一层密密实实,细柴架底层,粗柴架上层,像给山岩盖上了一层层厚厚的棉被,等待着岩面改变它的冷峻形象。然后点燃了柴火。

烈火烧了一天一夜,巨大的岩石在烈火中变得通红。再将冷水源源不断地朝岩石泼去,嗞嗞的碎响声中,石头垮裂开来。等表面冷却后,李冰一声令下,数百人爬向山岩,对准裂纹,挥锤凿石。八年时间过去,宝瓶口终于让玉垒山敞开了胸怀。

都江堰用来截流的竹笼,相传也与李冰的另一次走访民间、了解民众疾苦有关。一天，李冰到都江堰灌区走访，坐在河边与一位洗衣妇女聊天。突然一个大浪打过来，放在水边的竹篮被冲得东倒西歪，眼看就要被冲走，只见洗衣妇女不慌不忙地从水中摸了一个鹅卵石，放在篮中，然后无论水流怎样冲击，竹篮都稳稳当当地停在那里。李冰突有所悟，回去之后，命人编织了竹笼，再往里面填充了卵石，用以隔水截流，效果非常好。这就是后来长期被用于长江流域、黄河流域和珠江流域的竹笼技术。

落下闳：测星观天 智士无双

落下闳（约公元前2世纪）

西汉民间天文学家。复姓落下，名闳，字长公，巴郡阆中（今四川阆中）人。元封年间受武帝征聘，官居太史待诏。曾与邓平、唐都创制太初历，测定过二十八宿赤道距离（赤经差）。首次提出交食周期，以135个月为"朔望之会"。

落下闳主要行迹

中国古代，对科学技术不够重视，很少为科学家立传。不过，《史记》《汉书》等正史典籍都提到，在西汉时，有巴郡阆中（今四川阆中）人落下闳创立太初历之事。落下闳是一位民间学者，虽然正史未予列传，史籍中有关他的记载也非常零星，但是，他在天文、历法、数学方面皆有所创造，凭借其卓越的科学成就，可以肯定，他是一位毫无疑义的天文学专家。

朝廷征召　落下闳改历

随着西汉政治上的统一，经济繁荣，文化发展，给直接为生产服务的历法提出了更高的要求。

我国古代历法的种类很多，仅《汉书》就记载有黄帝历、颛顼历、夏历、殷历、周历、鲁历六种。这些历法都是战国时期各国使用的历法，由于各家所取的历元不同，就形成了各国四季起止不统一，给生产、生活带来了相应困扰。秦统一后，在全国推行颛顼历。虽然基本上结束了战国以来历法的混乱局面，但经过110多年的使用后，颛顼历累积误差越来越大，出现了"朔晦月见，弦望满亏，多非是"的严重情况。同时，更由于颛顼历在闰法上的缺陷，使历日逐渐失去了明确的季节含义。随着西汉农业生产的持续发展，劳动人民在适时播种耕作方面的生产经验，已无法通过陈旧的历法准确地体现出来。显然，颛顼历已经远远不能适应生产力进一步发展的需要。

在汉武帝时代，改革历法已经是迫切需要解决的问题了。

《史记·历书》记载：

> 今上（汉武帝）即位，招致方士唐都，分其天部；而巴落下闳运算转历，然后日辰之度与夏正同。乃改元，更官号，封泰山。

这里记载的是，西汉元封七年（公元前104年），汉武帝批准了主管历法的太史令司马迁提出的"历纪坏废，宜改正朔"，必须改革历法的建议。但当时在长安天象台工作的人都不能运算。经阆中人谯隆等人的推荐，朝廷征召落下闳、唐都等民间天文学家20余人参加国家的改历工作，并选定星官邓平等朝廷官员共同组成改历班子，开展了我国有史以来的第一次历法改革。

朝廷为什么要召落下闳去改历？因为他，甚至只有他，才具备其资格。

古代的巴蜀之地，早就有重视文化教育的传统。在"文翁兴学"之前，巴蜀之地的民间教育即私学便很兴盛。尤其是，巴蜀之地在天文历算上具有悠久的文化历史传统。远在春秋时期，苌弘（今属四川资中人）就是著名的天文学家，曾连任周灵王、景王、敬王三朝掌握天文历算的大夫，他的学术思想在蜀地有着深远的影响。

阆中古城（杨安文 摄）

落下闳的故乡阆中，是一座历史文化名城，曾一度为巴国国都。这里山明水秀，经济富庶，文化发达，思想活跃。相传阆中是我国人文初祖伏羲氏诞生之地，其市郊有伏羲母亲坟墓遗迹。伏羲精通天数，他创造"矩"（曲尺），并根据三角函数原理，测算出了天高地广的天文数据，竭力倡导星象之学。

落下闳自幼喜欢观察星象，习于历数。他通过虚心求教，刻苦钻研，勤于实践，全方位继承了前人成果。早在元封元年（公元前110年），落下闳就认识到历法必须改革并已亲自进行了操作。

据《汉书·律历志》记载，改历开始，在太史令司马迁主持下，宫廷展开了一场由官方与民间天文历法专家数十人参加的大辩论——博士共议，广泛听取各家的意见。在讨论中，提出修改历法方案的有十八家之多。而此时的落下闳提出的"八十一分律历",由于有长期观察、实测数据作支撑,在十八家方案中特别耀眼。汉武帝斟酌各家之说,决定"罢废尤疏远者十七家",采用落下闳提出的"八十一分律历",并指定落下闳承担具体改历工作。

作为治历工程负责新历运算工作的骨干,落下闳充分显示出他超人的智慧和卓越才干,干得非常出色。在整个改历过程中,他承担了新历方案的提出、天文观测仪器的改制、天象的实际观测、大量数据的整理和推算等全部工作。

落下闳改历的科学实践,体现了朴素的唯物主义精神。他深入细致地研究对比了前人的各种历案,分析了大量的天文史料,亲自制造先进的观测仪器,坚持不懈地进行天象观察和数学精密推算,终测定元封七年(公元前104年)十一月甲子夜半朔旦,正好交冬至节气,为新历推算的起点。由于新历初用夏正,以正月为岁月,汉武帝因此将新历定名为"太初历",颁发天下,同时改年号"元封"为"太初",元封七年为太初元年。

太初历规定,每年以孟春正月为岁首,到冬季十二月底年终。之所以称"八十一分律历",是因为"一月之日,二十九日八十一分日之四十三"。换言之,新历将一日分作81份计算,认为一月的时间为29+43/81天,即29.53086日;一年时间为365+385/1539天,即365.250162日。以1539年为一统,共562120日,4617年为一元。在135个朔望月中,有23个日食周期。

不负重望　太初历问世

落下闳改制太初历，是我国历法史上的第一次重大改革。太初历的制定以天象实测记录为基础，与生产实践相结合，科学性较强，内容又远比颛顼历丰富，足称当时世界上最进步、最完备的历法。

太初历是我国有文字记载的第一部最完整的历法。该历法首次采用连分数推算历法，所求近似值极确。落下闳所测定的数据同现代所测定的数据相比较，误差最大的火星为0.59日，而误差最小的水星，仅仅相差0.03日，即43.2秒。在两千多年以前，对行星能够得出这样精确的测值，实在是世界罕见的奇迹。

太初历以孟春正月为岁首的历日制度，把历法同四季的顺序、人民群众的习惯和要求统一起来，便于劳动人民安排生产和生活，这种历日制度两千多年来一直沿用。太初历以无中气之月置闰，从而使每一节气或中气的日期和其平均日期相差不到半个月，这是历法为劳动生产服务的一项重要改革措施，也是我国古代历法发展史上的一个重要标志。这种置闰法一直沿用到明代末年，使用了1700多年。而落下闳为编制太初历首创的连分数，较西欧早1600余年，反映出当时巴蜀的数学水平极高。

太初历颁行26年后，汉昭帝元凤三年（公元前78年），太史令张寿王以"历者天地之大纪，上帝所为……今阴阳不调，宜更历之过也"为由，反对太初历，主张使用"殷历"。为了比较太初历与古历的优劣，汉昭帝刘弗陵诏令历官鲜于妄人、大司农中丞麻光等20余人从元凤三年一月朔旦冬至起，到六年十二月，候测三年多，证实了太初历较其他各历精密，说明了太初历的改制颁行经受得起实践考验。

太初历在汉武帝太初元年颁行后，司马迁着手编写《史记》，特撰《历书》一篇，将新历的颁制视为巩固封建政权的重要措施，这是一个极有价值的开端。西汉以后的史家都循《史记》《汉书》体例，将历代改换历法的情况，详记于正史，从而为我们积累起了丰富的天文、历数资料。

观星测天　创制新历

落下闳改制的太初历有重大的科学意义，集中表现在这几方面：

首先，太初历的制定建立在反复观星测天的科学实践基础上。

古代编制历法，是将两次日月会合的周期定为阴历一月（朔望月），而以朔日作为一月的开始。日月的运行，每月都要产生一次朔与一次望，日食在朔，月食在望。但因月亮绕地球运行的轨道（白道）与地球绕太阳运行的轨道（黄道）并不在一个平面上，二者相叠有大约5度多的交角。每逢朔日，必须日月在同一黄经圈上相遇，才有可能发生日食；每逢望日，必须在同一黄经圈上相对，才有可能发生月食。日月相食能最准确地测定朔望时刻；对日月食测算得准确与否，又能最精细地反映日月食运动的速度变化。因而对日月食的测算预报，便成了验证历法的准绳。

落下闳的杰出成就之一，就在于他通过大量的天象观察记录，参酌了历代积累的天文数据，在我国天文学史上第一次科学地测算出了135个月的日食周期，称为"朔望之会"，即约11年有23次日食发生。他提出的

"八十一分律历"正是结合了这一日月食周期而制定出来的。根据这一周期,就可以近似地预告日月食,并可以因此校正朔望。从此,日月食现象也就不再是什么神秘的凶兆而成为科学常识了。

其次,确立以孟春正月为岁首的历日制度。

落下闳第一次将二十四节气纳入历法,确立以孟春正月为岁首的历日制度。此一做法,奠定了春节的基础,同时也是遗惠千秋万代的创举。

秦至汉初行用颛顼历,规定年度以冬十月岁首,即每一年开始的头一个月是"十月",依次的月份顺序为十一月、十二月、端月(因避秦始皇"政"讳,故称端月,到汉朝才改称正月)、二月……到九月而岁终。如是闰年,将闰月固定置于岁末,叫作后九月。史事发生年月也完全按照冬、春、夏、秋的顺序排列。为什么会这样?因为"始皇推终五德之传"。

据《史记·秦始皇本纪》载:

> 始皇推终五德之传,以为周得火德,秦代周德,从所不胜。方今水德之始,改年始,朝贺皆自十月朔。衣服旄旌节旗皆尚黑,……更名河曰德水,以为水德之始。

显然,这是根据五行学说推衍而来。战国末期齐国人邹衍提倡五行学说,认为历史上朝代的更迭是由木、火、土、金、水五种物质(即五德)的反复循环、不断替代而决定的,谁要是得了五德中的一德,并有由天上显示出来的相应"符瑞"验证,谁就是真命天子,应该作为新王朝的统治者,新的王朝也就应该有一套与五德相应而不同于前朝的制度。这虽然在客观上反映了战国后期要求统一的趋势,但具有极为浓厚的迷信色彩。

在历史上第一个采行"五德终始"说的就是秦始皇。五行学派说周王朝是火德,"能灭火者水也";又据《史记·封禅书》载:"昔秦文公出猎,获黑龙,此其水德之瑞。"秦始皇因此自以为得了水德,听信了五行学派的意见。五行的"水"属于五时的"冬"、五气的"寒",所以便以冬十月为岁首,规定每年十月朔受百官朝贺的制度;又与五色的"黑"相属,又规定"衣服旄旌节旗皆尚黑"。

汉高祖刘邦于公元前206年冬十月入关,于霸上受秦王子婴之降,西入咸阳,为汉王朝的建立奠定了基础,所以刘邦也保留十月朔受朝贺的旧制,以头年冬十月到来年秋九月作为五行推衍的时序年度。按照这一制度,每年的第一季度十月、十一月、十二月是冬季,它们分别为孟冬、仲冬、季冬之月,这与春耕、夏耘、秋收、冬藏的农事季节安排不相适应,而且每年元旦总是在秋种秋收的大忙时节度过,劳动人民对生产和生活安排都非常不便。落下闳制定太初历,根据汉武帝时期政治经济发展的新形势,相应改变了旧的历日制度,规定政治年度每年都以孟春正月朔为岁首,到冬季十二月底为岁末,从而使年度节气与四季的顺序和人民的生产生活完全一致。这一制度一直沿用到今天。

再次,改革闰法,以无中气之月置闰。

在秦代,我国的天文学家已把一年分为二十四个节气。古代历法都选既是冬至又是朔日那天作为新历推算的起点,叫作"气(节气)朔相配"。而两个节气的时间长度(约30多天)与一个朔望月的周期(29天左右)并不相等,随着时间推移,气朔越离越远,形成四季混乱。解决的办法,就是置闰月。秦到汉初采用颛顼历实行岁终置闰法,规定将闰月固定于每两年或三年的岁末,颛顼历以九月为岁末,置闰之月称后九月。这种闰法最大的缺点是中气不能与月名——对应，使农事季节的推算极不方便。

落下闳订太初历，采行"以无中气月置闰"的制度。一个回归年中的二十四气，从冬至开始，顺序把单数次序的十二个气如冬至、大寒、雨水、春分、谷雨、小满、夏至、大暑、处暑、秋分、霜降、小雪叫作中气；另外偶数次序的十二气如小寒、立春、惊蛰、清明、立夏、芒种、小暑、立秋、白露、寒露、立冬、大雪，叫作节气。中气与节气排入各月的位置，根据《汉书·律历志》记载，"时所以纪启闭也，月所以纪分至也，启闭者节也，分至者中也，节不必在其月，故时中必在正数之月。"万物生长叫作启，秋收冬藏叫作闭。启闭就是指立春、立夏、立秋、立冬四个节气，它们应是一年四时（季）的开始；春分、夏至、秋分、冬至四个中气处在各个季节中间，应分别排在四季中二月、五月、八月、十一月之中。节气可以在本月的上半月，也可以在上月的下半月，而中气则必须安排在指定的月份内。二十四气中雨水、春分、谷雨、小满等十二个中气，分配在正月、二月、三月等十二月之内，如果是闰年，有十三个月，就总有一个月排不上中气，就把这个没有中气的月作为闰月，即"朔不得中是为闰月"，不算入正常月序。

这种无中气月置闰的方法，使闰月安排得更准确，更合理，使节气在月份里的变化不超过半个月。从而使颁行的历书和劳动人民的生产季节更好地结合起来，这是历法为生产服务的一项重要措施，也是我国古代历法发展历程上的一个重要标志。从西汉太初元年起直到明末以前，将近1700多年中，历法虽经过了几十次修改，可是却一直循用这个置闰制度。直到清代，历法改用二十四气"定气"，才对落下闳创设的置闰制度进行修改。

精确运算　推"上元积年"

太初历是在"观新星度日月行，更以算推"的基础上制定出来的。班固在《汉书》中对整个改历的过程作了扼要叙述，这就是"定东西，立晷仪，下漏刻，以追二十八宿相距于四方，举终以定朔晦分至，躔离弦望"。定东西，立晷仪，下漏刻，主要是观测；追二十八宿距度，定朔晦分至，躔离弦望则不仅有观测，还需要进行大量精密的数据推算。古代治历，最为庞杂的一项推算是求所谓"上元积年"，就是推出更远的一元（夜半冬至交气又恰好是甲子日朔旦的时刻）距编历年的累积时间。确定出"上元积年"数，就可以根据各项天文数据如回归年、朔望月、交点月等周期，来推算出任何一年的冬至节气和每个月朔旦的日名，进而恰当地安置闰月。

推求"上元积年"，成为古代治历的重要内容。太初历的"上元积年"数，据《汉书·律历志》载："汉历太初元年，距上元十四万三千一百二十七岁。"显而易见，这是何等繁重艰巨的运算工程！至于这样大量而艰巨的推算是由谁来进行的，《汉书·律历志》载，"姓（大典星射姓）等奏不能为算，愿募治历者，……方士唐都、巴郡落下闳与焉。都分天部，而闳运算转历。"也就是说，治历的整个推算工作几乎全部由落下闳这位数学专家一人承担。

进行这样庞杂而难度极大的运算，按照今天的数学模式，尚需要求解一次不定方程或一次同余式，两千多年前的落下闳，究竟是用什么方法推算的呢？

由于太初历的原著早已失传，我们已经无从查知。据吕子芳先生在

《三统历历意及其数源》中的研究，认为是用合于近代连分数的原理进行计算的。也就是说，落下闳发明了"连分数（辗转相除）求渐进分数"的方法，定名"通其率"，现代学者称之为"落下闳算法"。"落下闳算法"比采用类似方法的印度数学家爱雅哈塔早600年，比提出连分数理论的意大利数学家朋柏里早1600年，它影响中国天文数学2000多年。

《汉书》高度评价了落下闳在我国数学史上的精深造诣："汉之得人……历数则唐都、落下闳……后世莫及！"这不仅仅是对落下闳的赞赏，更是指出了我国古代在数学上的高度发展水平和辉煌成就。

落下博才　创制"浑天"

改历过程中，为了考察天度，掌握日月五星运行规律，取得为治历所必需的天文数据，落下闳在对古代仪器研究改造的基础上，创制了我国有文字记载的第一台较为精密完备的天文观测设备，这就是闻名中外的"落下闳浑仪"。所谓"浑仪"，指的就是浑天仪。

通过浑天仪对天体的直接观测，落下闳不仅取得丰富的天象数据，为太初历的制定提供依据，而且从实践上为著名的宇宙学说——浑天说奠定了科学基础。落下闳的科学实践及其创造性成就，客观上促进了西汉时期宇宙学说、历法、观测仪器等天文学领域的全面发展，西汉成为我国古代天文学发展的一个鼎盛时期。

关于落下闳创制浑天仪的情况，同为巴蜀人，并且是两汉时期学术领袖的扬雄在《法言》卷十中说得很清楚，"或问浑天。曰：落下闳营之，鲜于妄人度之，耿中丞象之。"撰写《三国志》的晋人陈寿在《益部耆旧传》中说："落下闳，字长公，明晓天文，隐于落下，武帝征待诏太史，于地中转浑天，改颛顼历，作太初历。"由此可知，落下闳是在改制太初历的时候创制浑天仪的。

创制太初历是我国历史上的第一次大规模的历法改革，如果没有丰富的天文观测记录和数据，几乎是不可能进行的。为了使历法合乎实际，必须观测天象，推算数据。那时，我国观察天文的仪器只有"土圭"，即《周髀算经》中的"髀"，是一根垂直在地面上的标杆或石柱。圭表的表脚放在一条具有水平位置南北方向的石板上，上面刻有度数。人们通过土圭日影长度的变化，来测定冬至和夏至的时间，就是《礼记·春官》中说的"土圭以致四时日月"。用土圭观测天象所得到的数据非常不准确，落下闳于是在总结前人成就的基础上，亲自动手，精工巧制，制作出有文字记载的我国第一台比较精密完整的天文观测仪器——浑天仪，使治历工作建立在较为科学的基础上。

史书对落下闳"浑天仪"的详细结构缺乏记载，但根据《史记》《旧唐书》等的记载推测，落下闳创造的浑天仪，外表像一个浑圆的天球，周长二十五尺左右，直径有八尺。圆球由赤道环和其他几个圆环重叠组成，环上刻有周天度数和二十八宿的距离。圆环有的固定，有的可以绕天轴自由转动，中间装有窥管，直径有一寸。观测时只要转动圆环，以窥管瞄准某个天体，从圆环上的刻度就可以推定日月五星的运行及方法。

据《旧唐书·天文志》载，"至武帝诏司马迁等更造汉历，……落下闳运算转历，今赤道历星度，则其遗法也。"又据《新唐书·历志》

载,"古历星度及汉落下闳等所测,其星距远近不同,然二十八之宿体不异。"落下闳创制的浑天仪,可以测定二十八宿在赤道上的距离。

落下闳浑天仪的创制,是我国古代天文学领域的一项杰出成就。在欧洲,一直到16世纪左右,才出现与我国北宋时期的浑天仪同等水平的仪器。

落下闳创制浑天仪在天文学上有重要意义——有力地支持了浑天说科学基础的奠立。

古代人民为了确定季节、编制历法,以指导农业生产的进行,非常注意对自然和天体的观测,在不断的观测中,根据各个时代的认识水平提出了对宇宙结构的设想。

最早的宇宙学说叫盖天说。盖天说的基本观点是"天圆如张盖,地方如棋局",即天圆地方说。《周髀算经》曾记载周公和商高的对话,商高提到,"方属地,圆属天,天圆地方。"据此,天圆地方的思想大约产生于殷周之际,这是中国古代关于宇宙结构最早的思想体系。

随着天文学的发展,宇宙结构学说进一步萌芽出了天体浑圆的思想,进而产生了浑天说。在战国时,稷下学派巨子慎到提出"天体如弹丸,其势斜倚"。一反盖天学派认为天体是半球状若盖笠的观点,认为天体是一个整球,如圆形的弹丸,天极不在天顶,天轴同平面大地相斜交。

浑天说由萌芽进而发展成为一个完整的学说派别,则要演进到汉代,是由落下闳通过创制浑天仪和对天象观测的实践来完成的。

《隋书·天文志》称,"落下闳为汉武帝于地中转浑天,定时节,作太初历。"所谓"转浑天,定时节",就是运转浑天仪观测天象以测定季节;"于地中",说明观测工作是在地中进行的。"转浑天"就是确认了球形的天空，天极不在天顶，相对应于大地是一个圆形平面；"于地中"就是确认了大地是一个有中心的圆面，这个中心位于夏代古都阳城。这样，"浑天"作为一种思想体系，其所对应内涵有关于球形天体、圆面大地、天球中心及大地球面圆心即地中、天轴倚斜等一系列基本观点都已十分明确。扬雄在《法言》里提到的浑天，既指浑天说的科学实践，也包含了浑天说的上述思想体系。

落下闳创制浑天仪，就是完全按照浑天说的构思设计而成的。外圈重叠的圆环代表球形的天穹，而观测用的窥管穿过圆环中心，代表地球的位置。浑天仪既是一种科学的天文观测仪器，又形象展示了浑天说的思想体系。通过"地中转浑天"的形象示范，使人们"因观浑仪，研求其意，有悟天形正圆"，启发人们悟及天体球形（正圆）的概念，从而确立起浑天说的思想；通过浑天仪对天体实测所取得的大量精确天文数据，进一步为浑天说理论的建立奠定科学基础。

浑天说是宇宙理论中，从感性认识到理性认识的一次飞跃，是人类认识宇宙历史的一个重要里程碑。由于落下闳创制的浑天仪在科学基础方面有力地支持了浑天说，自落下闳以后，浑天说在我国宇宙结构学说中就继盖天说而一举占居主导地位。

智士知天　与日月同辉

落下闳创制的太初历在天文学上有较大的影响，后来的天文历法家如贾违、张衡、祖冲之等人，都是在落下闳太初历的基础上加以改进和发展的。落下闳完善了古代天文学说浑天说，奠定了我国古代先进的宇宙结构理论基础。

落下闳在天文学、数学诸领域的发展中之所以取得这样光辉的成就，最根本的原因是他不法古，重视实践，勇于革新，以朴素的唯物主义观点来指导自己的科学实践。

关于落下闳的事迹，我们只能得知他在西汉武帝造历这一段时间的情况，这恐怕是他一生中从事天文科学事业最主要的时期，也是他科学成就最辉煌的时期。

落下闳的精明才干和杰出成就获得了汉武帝的高度赞赏。汉武帝为表彰他的功绩，特拜授落下闳以待中之职。在西汉，担任待中必须是皇帝极为倚重的人，可以经常接近皇帝，出入宫廷，参与朝廷大事，这是一种极为尊贵的职位。但是，视"富贵如浮云"的落下闳，鄙薄功名利禄，在太初历颁行以后，他公然拜辞回家了。辞官归隐后的情况，由于史料奇缺，现今已无法查知。

不过，咸丰《阆中县志·学校》有这样的记载："畴数星家第一，落下知天自夸，智士无双。"说明落下闳辞官回到家乡后，继续总结研究他为之奋斗一生的天文科学，并将他的渊博知识传给后代。真正有价值的不仅是落下闳的知识创新，更为重要的是落下闳的科学精神。在他的巨大影响下，汉唐时期的阆中成为我国古代著名的天文研究中心，人才荟萃，群星灿烂。一批批天文学人物如任文公、周群、谯周、袁天纲、李淳风、鲜于天、李竹等都相继观星访吊流寓阆中，使阆中在历史上成为天文学者荟萃的一个地区性中心，这不是没有缘故的。

为人民做出了巨大贡献的科学家，人民永远不会忘记他。

由于历史上对落下闳记载较少，两千多年过去，落下闳其人其事大多已不可考，但在阆中留下的地名和传说，却见证着当年这位伟大的天文学家在这里观天测星，探究宇宙的奥秘。而后人为纪念落下闳而兴建的"观星楼"等，也记录着当地人对这位低调、谦逊的科学家的尊崇和怀念。

落下闳为中国科学的发展做出了巨大的贡献，在英国李约瑟博士所总结的落下闳时代东西方天文发展十大成就中，落下闳就占其三。因此，他在《中国科学技术史》一书中盛赞落下闳是"中国天文史上最灿烂的星座"，是世界天文学领域一颗"灿烂的星"。

落下闳确立正月为岁首后，人们将正月初一称为"元旦""新年"，民间习称"过年"，过"春节"，一直沿用至今。所以，后世的人们也便尊称落下闳为"春节老人"。

1996年9月18日，我国国家天文台新发现了一颗绕日运行周期为4.6725的小行星，被国际永久编号为16757号行星。2004年9月16日，经国际天文学联合会小天体提名委员会批准，这颗小行星被命名为"落下闳星"。从此，落下闳真正成为一颗璀璨行星永恒闪耀在星空。

2016年，联合国教科文组织保护非物质文化遗产政府间委员会第十一届常会正式通过决议，将中国申报的由落下闳开创的"二十四节气——中国人通过观察太阳周年运动而形成的时间知识体系及其实践"列入联合国教科文组织人类非物质文化遗产代表作名录。

作为首批四川十大历史名人之一，落下闳相对较为"小众"，不广为人知。但这并不影响人们以各种方式缅怀和纪念这位世界杰出科学家，不影响他的事迹和成就代代相传，更不影响伴随太初历的颁布和推行而确立的"过年"习俗，反而越来越红火热闹……

落下知天，智士无双。

回顾历史，瞻望未来，落下闳永远与世界独一无二的"春节"同在，与亘古至今的日月星辰共辉！

（李殿元　撰稿）

【延伸阅读】

春节

春节是指汉语言文化范畴中的传统农历"年节",俗称过年,是中华民族最重要的传统佳节。

在太初历颁行之前,究竟在哪一天过春节,历朝历代并不一致,太初历规定岁首为正月初一,也就定下了春节的日子,至今已有两千多年。在民间,落下闳就收获了一个别称,被亲切地唤为"春节老人"。

在春节期间,中国的汉族和一些少数民族都要举行各种庆祝活动。这些活动均以祭祀祖神、祭奠祖先、除旧布新、迎禧接福、祈求丰年为主要内容,形式丰富多彩,带有浓郁的民族特色。受到中华文化影响的一些国家和民族也有庆祝春节的习俗。人们在春节这一天都尽可能地回到家里和亲人团聚,表达对未来一年的热切期盼和对新一年生活的美好祝福。

二十八宿

二十八宿是中国古代天文学家对星空区域的划分。即,把天空中可见的星分成二十八组,分东、南、西、北四方,每方各七宿,叫二十八宿。

东方苍龙七宿,为角、亢、氐、房、心、尾、箕;北方玄武七宿,为斗、牛、女、虚、危、室、壁;西方白虎七宿,为奎、娄、胃、昴、毕、觜、参;南方朱雀七宿,为井、鬼、柳、星、张、翼、轸。

落下闳在公元前110年至前104年制作浑天仪，观测二十八宿的赤道距度（赤经差），并在太初历中将二十八宿与二十四节气对应结合起来。

古六历

古六历指从春秋战国到秦朝时期制定的黄帝、颛顼、夏、殷、周、鲁六种历法。其特点是以365+1/4日（分母中有4，故又称为四分历）为一回归年，29+499/940日（29.530851日）为一朔望月，19年7闰。

六历的不同，主要是历元（年的起算点）、施行地区和所用的岁首。使用时期主要为战国时期，唯颛顼历一直用到汉武帝改历止（公元前104年），其原本早已遗失，现今只能根据历史文献推算出大概情况。

各历采用的岁首分别是：黄帝、周、鲁三种历以子月为岁首，即以包含冬至的那个月份，相当于今天使用的夏历十一月为岁首；殷历以丑月为岁首；夏历以寅月为岁首，即以冬至所在月之后的两个月，相当于夏历正月为岁首；颛顼历以亥月为岁首，即冬至所在月之前的一个月，相当于夏历十月为岁首。

由于古六历原本早已遗失，其中颛顼历也只是在考古中发掘到一些资料，其余五种历法，至今只留存一些片断资料。根据这些资料不难发现，汉代初期曾流传的所谓"古六历"并不是黄帝、颛顼、夏禹等人编订的，而是周朝末期的人托古伪造的。

《周髀算经》

《周髀算经》原名《周髀》,是算经的十书之一。中国最古老的天文学和数学著作,约成书于公元前1世纪,主要阐明当时的盖天说和四分历法。唐初规定它为国子监明算科的教材之一,故改名《周髀算经》。

《周髀算经》在数学上的主要成就是明确记载了勾股定理的公式:"若求邪至日者,以日下为勾,日高为股,勾股各自乘,并而开方除之,得邪至日。"(《周髀算经》上卷二)

《周髀算经》采用最简便可行的方法确定天文历法,揭示日月星辰的运行规律,囊括四季更替,气候变化,包含南北有极,昼夜相推的道理,为民众生活作息提供有力的帮助。

扬雄

蜀地出异人 千秋一子云

扬雄（公元前53年—公元18年）

字子云，蜀郡成都人。西汉末年经学家、哲学家、语言文字学家、文学家。扬雄位列汉赋四大家之一，其汉赋与司马相如齐名。他著述的《太玄》构建了以天文历法为基础，以"玄"为其思想领域最高范畴，以阴阳五行为骨架的独特哲学体系。

黄河

泰山

长安

秦岭

岷山

岷江

郫县

峨眉山

长江

洞庭湖

鄱阳湖

扬雄主要行迹

蜀地自古出异人

"蜀人求雨,祠蜀侯必雨。蜀王有鹦武舟。秦为太白船万艘,欲以攻楚。秦为舶舡万艘,欲攻楚。秦襄王时,宕渠郡献长人,长二十五丈六尺……"这是扬雄《蜀王本纪》里的点滴内容,揭示了蜀地、蜀人的诸多传奇,因而成为一种定识——蜀地自古出异人奇事。如西羌大禹可以化为巨熊开山裂石;帝王杜宇与大臣鳖灵妻子的缠绵之爱;开明十二世,开明王对"山精"演变而来的武都丽妃无上宠幸;"五丁开道"最终导致古蜀王朝覆灭……这些绮丽的历史叙事为蜀地涂抹了一层层深重的赤红,就像四川的红壤与桃花,成了久远历史的一种暗喻。

西汉时,严君平、落下闳一心问天,穷窥天象,达到前无古人的高度;司马相如、扬雄则宛如峨眉、瓦屋两峰并峙,成为蜀地峭拔华夏文化的两大奇人。至此,蜀地的璀璨文采与孤绝文思,始而居高临下,继而蔓延江河。有意思的是，相传司马相如、扬雄两位均是口吃者。尽管众多口吃者自卑，无法与人"剧谈"，个中却仍有赫然巨擘，振臂一呼，可以发出狮子吼，一改局面，成为口吃者的光辉榜样。司马相如、扬雄便是因为口吃，放弃了结结巴巴的口头叙述，转而承继楚辞之风，为文辞藻华丽、精雕细刻，终将雄阔的巴山蜀水化为笔下的滔滔雪浪与无垠森林，铺排厘定了西汉大赋的任督二脉。

史载扬雄长相一般，身材不高，师从严君平学《周易》，从林间翁孺学"古文奇字"，并且与蜀地高人李弘有交往。扬雄在学术研究及文学创作上取得了辉煌的成就——《太玄》和《法言》奠定了扬雄在中国哲学史和儒学发展史上的崇高地位；《甘泉赋》《羽猎赋》《长杨赋》《河东赋》《蜀都赋》《逐贫赋》等使其与司马相如齐名，并称"扬马"，被誉为"西汉末年最著名的辞赋家"；《方言》和《训纂》让扬雄成为"世界上研究方言第一人"。扬雄还在天文学、数学、历史、音乐理论等方面有重大贡献，不愧是"百科全书式的奇才"。

圣人之徒　西道孔子

扬雄的先祖，系姬周支庶，因食采于晋地之杨邑，而以杨为氏。据《通志·氏族略》等书记载，公元前552年，晋六卿之乱发生后，杨侯受韩、赵、魏的威逼，其子孙溃散，四处奔逃，其中一支南迁到楚国境内的巫山地区繁衍生息。为了掩人耳目，便将"杨"姓改为"扬"姓。

楚汉相争，扬雄的先人们为避战乱，又溯江而上，最后在巴郡江州（今重庆）栖身。避乱时期，扬雄的祖先们不求闻达，至今无事迹可述，直至其五世祖扬季官至庐江郡太守。后遭到桑弘羊算计，扬季为避祸不得不弃官入蜀，在郫邑瓮店（今四川省成都市郫都区友爱镇）隐姓埋名，置土买田，一心农桑稼穑，当地才有扬姓繁衍。

公元前316年，秦惠文王灭蜀国，置蜀郡，改郫邑为郫县，以张若为蜀郡守，兼领郫县令。秦昭襄王（又称秦昭王）时期，李冰任蜀郡守，治理岷江水患，修筑了都江堰，使郫都区在内的整个川西平原从此"水旱从人，不知饥馑，时无荒年，天下谓之天府"（《华阳国志》）。

纪国泰在《西道孔子——扬雄》一书里指出，扬雄故里位于郫都走马河畔的白鹤里。白鹤里有大片湿地，林木荫郁，沟渠两旁遍布桤木、杨树等。树上栖息着一群群白鹤，因而堰名"白鹤堰"，里以堰名，故称"白鹤里"。

到扬雄出生时，"家产不过十金，乏无儋石之储"（《汉书·扬雄传》），家境并不阔绰。自汉武帝立五经博士之后，通经成为读书人追求仕途的主要手段。学通一经，扬名立万，就可成为五经博士或弟子员，许多读书人都为功名利禄而穷研经籍。在这样的风气下，扬雄没有成为倾心名利的书生，这在很大程度上是受他老师严君平的影响。

扬雄"博览无所不见"，得益于君平"博览无不通"；扬雄"清静无为少耆欲"，得益于君平治《老子》《庄子》《周易》之学以及他的"沉冥"之习；扬雄淡泊名利，得益于君平"不治苟得"；扬雄"不事富贵"，得益于君平"不作苟见"……凡此种种，都可看出严君平对扬雄为人正直和追求学术真理的巨大影响。

正因如此，少年扬雄可以"不为章句，训诂通而已，博览无所不见"，"口吃不能剧谈，默而好深湛之思，清静亡为，少耆欲，不汲汲于富贵，不戚戚于贫贱"（《汉书·扬雄传》）。与其说严君平的学识卓绝，不如说严君平言传身教的秉性修为，成了扬雄效法的榜样，使其由此表现出与众不同的独立精神。读书自然不再是追求名利的敲门砖，而是遍涉各家学说，不以富贵、贫贱为念。有学者认为，扬雄是第一位把巴蜀人文、古蜀仙道思想与中原文化予以融汇的大家。

西汉时人的平均寿命比起当代人算是短促的，那时一个人四十多岁已算是渐入晚景，不应远游。扬雄四十余岁了，竟然离开四川，来到可以一展才华、兼济天下的京城长安。四十二岁的扬雄被大司马王根召为门下吏。当时，扬雄有一位老乡杨庄在汉成帝身边担任郎官，他向汉成帝推荐了扬雄的《绵竹赋》，汉成帝读罢评价说，此文有司马相如的遗风。由此扬雄得到汉成帝的召见，并在很短的时间里接连写出《甘泉赋》《河东赋》《羽猎赋》等大赋献给汉成帝，因而大受赏识。四十三岁时，扬雄任黄门侍郎——即在皇帝身边担负写文章、转传诏令之类职责的文职官员。

扬雄早年极其崇拜司马相如，"每作赋，常拟之以为式"（《汉书·扬雄传》）。他的《甘泉赋》《羽猎赋》等就是模拟司马相如《子虚赋》《上林赋》而创作，其内容为铺陈天子祭祀之隆、苑囿之大、田猎之盛，用词构思亦华丽壮阔，汪洋恣肆，结尾兼寓讽谏之意，这也开启了一种献策、献表的文章结构模式。

扬雄入仕期间，正值刘氏王朝同王氏外戚集团抗争之际。扬雄既无力维护刘氏王朝，又不敢得罪外戚势力，只得埋头著述，企图超越于现实的政治斗争之外，在写作中获得自由。可惜，自己早年的民间性价值观已经严重不适应官场生态，扬雄不得不以夸大、蹈虚、华丽之词来大肆"美新"，内容多歌功颂德，百兽率舞，山河感应，这显然是为了避祸，也反照出"一入豪门深似海"的臣工心迹。

扬雄后来认为辞赋乃"雕虫篆刻"，"壮夫不为"，遂将主要精力逐渐转为研究哲学，最重要的著作有仿《易经》而作的《太玄》，仿《论语》作的《法言》等。

王莽当政时，扬雄因被卷入政治纷争，从天禄阁跳楼而下，几乎丧命。后遂用"扬雄投阁"谓文人无端受牵连坐累，走投无路。在经历"投阁事件"后，扬雄因病被免职，不久又恢复了大夫的职务。他一生贫困，晚年"人希至其门，时有好事者载酒肴从游学"（《汉书·扬雄传》）。经历一惊一乍，扬雄委顿于宫阙，在清贫寂寞中结束了半路入仕的一生，时年七十一岁。

扬雄好友桓谭主持葬礼，学生巨鹿人侯芭常向扬雄问学，扬雄传授他《太玄》与《法言》等。侯芭负土为他建坟，号"玄冢"，坟地位于汉惠帝安陵园内（安陵阪上，今陕西咸阳以东），并守丧三年。

扬雄的衣冠冢在郫都西南十一公里三元场友爱乡。墓为圆形，高数米，直径十米，封土若小丘。墓地开旷，东西有农舍竹林环抱。

明代四川按察史郭子章入郫凭吊子云先生，见其墓已荒芜，乡人随意放牧采樵，于是明令严禁樵牧，又于墓地遍植柏树，并立碑作记。清道光元年（1821年），知县黄初又命人在墓周围栽植柏树。1950年墓地尚存古柏八十余株，墓周有石栏、石柱、石碑。石柱上镌刻楹联："文高西汉唯玄草；学继东山是法言。"1985年，扬雄墓被列为成都市重点

扬雄墓

文物保护单位。2007年，扬雄墓被列为四川省重点文物保护单位。

值得一提的是，当时大司空王邑、纳言将军严尤一等人听说扬雄逝世，便问桓谭："您曾称赞扬雄的书如何如何好，难道能流传后世吗？"

桓谭的回答一语中的，"一定能够流传！但您和我看不到了。凡人轻视近的重视远的，亲眼见扬子云地位容貌不能动人，便轻视其书。从前老聃作虚无之论两篇，轻仁义，驳礼学，但后世喜欢它的人还是认为其超过'五经'，从汉文帝、景帝及司马迁都有这话。现在扬子云的著作文义最深，论述不违背圣人，如果遇到当时君主，再经贤知阅读，被他们称道，便必定超过诸子了"。

桓谭认为，扬雄一定会被后世传颂。在桓谭的《新论》中记载，张子侯称赞扬雄为"西道孔子"。能够获得如此隆誉的蜀人，仅扬雄一人耳。

扬雄一生坎坷，经历了汉成帝、汉哀帝、汉平帝及新朝王莽四帝。他文采焕然，学问渊博；道德纯粹，妙极儒道。王充说他有"鸿茂参圣之才"，韩愈赞他为有"大纯而小疵"的"圣人之徒"，司马光更推尊他为孔子之后超荀越孟的巍然"大儒"。连《三字经》也把他列为"五子"之一："五子者，有荀扬，文中子，及老庄。"在中国两千多年的文明进程中，不得不说，扬雄的影响实在很重要。

扬雄造《玄》窥大道

汉代的巴蜀经学兴起于文景之世。在成都的文翁为了奖励儒学教育，领先全国以"七经"造士（增加《孝经》《论语》），于是"七经"之学盛行巴蜀，经学大家渐次辈出。两汉巴蜀经学以易学、小学最盛，《诗》《书》之学次之，而《礼》《春秋》《孝经》《论语》之学亦有可观。中原原始意义的三皇五帝多为具体神灵，后来却改"三皇"为天、地、人；"五帝"也改指白帝、黄帝、青帝、赤帝、黑帝，而以黄帝居中央，具有五行观。巴蜀学者不满当时章句之儒"碎义逃难""违背孔真"的现象，自严遵开始熔《易》《老子》于一炉。扬雄创拟"经"新篇，仿《周易》而造《太玄》，渴望以自己的言路，在葆有圣哲基本观点的前提下，结合蜀地仙道哲学、地缘文化，创造性地提出一种人才观、天地观，从而构成汉代巴蜀经学独辟蹊径、自成体系的地缘学术体系。

扬雄历经数年，皓首穷经完成《太玄》一书。他提出以"玄"作为宇宙万物根源之学说。《太玄》即是以老子道论为依托、以儒学阴阳五行为原理、以儒家仁义礼智信等理论为内容的新经典，是阴阳五行、儒家理论与老子道论的又一种对撞生成，可以说是儒、道融合的大哲学。

作为扬雄哲学的最高范畴，"玄"有三种含义：其一，是指整个世界的总规律；其二，是天、地、人形成的总根源；其三，是包容天、地、人的绝对概念，这是"玄"作为最高范畴的主要含义。

据葛洪《西京杂记》所述，扬雄写作《太玄》时，曾梦见了一只金凤匍匐于书稿上，他顿悟这是上天的神启。后人因此有"扬雄梦凤作《太玄》"说法，这也成为"扬雄吐凤"的出典，后遂用"吐凤""吐白凤""吞凤""吞白凤""白凤""凤藻"等称颂才华。

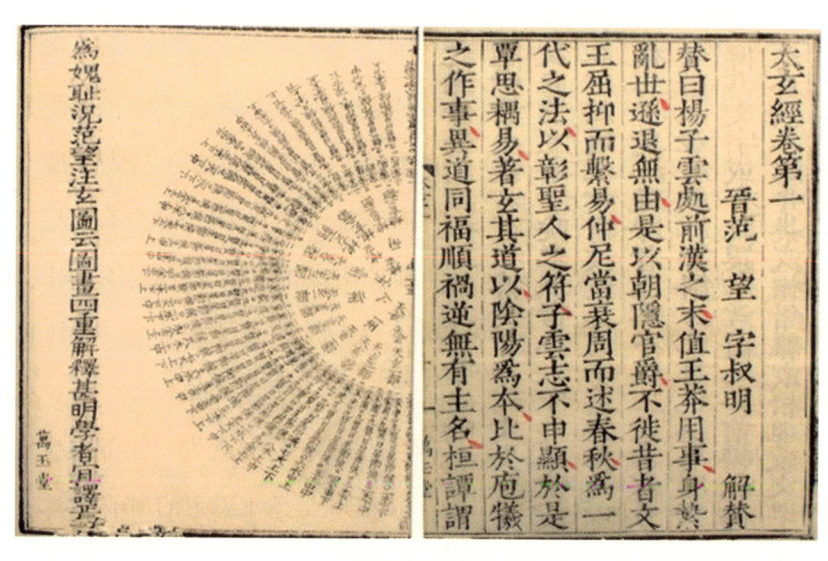

扬雄《太玄》

没错，扬雄就是以凤凰自比的，他在《解嘲》里就说："今子乃以鸱枭而笑凤凰，执螳蜓而嘲龟龙，不亦病乎！"如今，尔等却用鸱枭嘲笑凤凰，拿蜥蜴嘲笑龟龙，不是大错特错了么！

扬雄在《太玄》中还阐发了天文历算的研究成果。他放弃和批判了以往的盖天说，系统地阐释了他所主张的浑天说，认为宇宙好比一个鸡蛋，地球就好比是中间的蛋黄。这种认识在当时是很有见地的，他写出了"难盖天八事"，对盖天说进行全面驳难，论据充分，说理精辟，是中国天文学史上的重要文献，对后来杰出的天文学家张衡制造浑天仪有潜移默化之功。张衡特别爱读《太玄》。他曾经对崔瑗说，研读了《太玄》后，才知扬雄极尽天道术数之妙，价值足可与"五经"相酹。

"廓然开天"说扬雄

《太玄》之后，扬雄又写了《法言》一书。《法言》是依照《论语》体裁，采用问答形式而撰写的哲学著作；共十三篇，尊圣人、谈王道，旨在捍卫和发扬儒家学说，维护儒家正统观念，故名之曰"法言"。与此同时，书中对当时流行的天人感应、鬼神图谶予以批判，在中国思想史上具有廓然开天的地位。

《法言》估计在始建国元年（9年）完成。徐复观先生分析扬雄的学术和创作的转变时认为，从辞赋到《太玄》是扬雄思想的向前伸展，从《太玄》到《法言》，则是扬雄思想的大反省。

扬雄认为圣人之道的精粹集中在"五经"之中。他赞叹:"大哉!天地之为万物郭,五经之为众人郭。"《法言》认为,背离了"五经"而好读"诸子",就不能"识道"。它批评老子"捶提仁义,绝灭礼学";庄周、杨朱"荡而不法";墨翟、晏婴"俭而废礼";申不害、韩非"险而无化"。但《法言》对老子"言道德",庄周提倡"少欲",邹衍主张"自持",皆持赞赏态度。《法言》重视智,强调知识的重要;肯定"学"的作用,反对老庄"学无益"的观点;在人性论上提出人性有善有恶,即"性善恶混"的观点,宣扬儒家的仁义道德思想;承认历史是进化的,肯定改革的必要;批判关于神仙的迷信观念。该书在当时具有开启之功,对桓谭、王充产生过积极的影响,可视为王充唯物主义学说的先导。

扬雄著《法言》态度十分严肃,措辞精到而审慎,或褒或贬,见解高远,富有权威,当时即享有极高的声誉。蜀中隐德君子严君平、谷口郑子真就是因《法言》所载而流名于世的。

富有深意的是,当时有一位蜀中富人出钱十万,贿赂扬雄,希望他在书里吹嘘自己,却被扬雄断然拒绝。

在纵情汉赋、精研哲学之外,扬雄在史学和文字学两个领域的成果也是非凡卓异。唐代史学家刘知幾的《史通·正史篇》指出,扬雄曾续写《史记》而成《续史记》,可惜原书已散失。东汉王充在《论衡·须颂篇》说:"司马子长纪黄帝以至孝武,扬子云录宣帝以至哀平。"说明扬雄继司马迁之后,写作了汉宣帝到汉平帝这一段历史。扬雄还著有《蜀王本纪》,让古蜀国蚕丛、柏灌、鱼凫、杜宇、开明五个王朝的历史得以第一次简约地保留下来,尤其将杜宇"教民稼穑""德垂揖让"、开明"凿玉垒山以除水害"等重大历史事件记载下来，是意义深远的大事。《蜀王本纪》是扬雄对巴蜀大地历史传说的有意识寻根之作，不仅开我国地方志之先河，而且是我们今天了解古蜀历史最早、最宝贵的文献资料，可以称之为第一部古蜀史，对后来的《华阳国志》产生了直接而深远的影响。

在文字学方面，扬雄撰写了《训纂》《方言》等书。《汉书·扬雄传》说：扬雄以为"史篇莫善于《仓颉》，作《训纂》"。蜀州人常璩在《华阳国志》里指出，扬雄认为"典莫正于《尔雅》，故作《方言》"。显然扬雄已经注意到"名物之学"的重大意义。这两部书都成为古文字学的经典。

扬雄《方言》一书的全称，叫《輶轩使者绝代语释别国方言》，这说明扬雄编纂《方言》与輶轩使者采集方言方式有关，这是第一手的采撷资料。"輶轩"是古代使臣乘坐的一种轻车，后成为古代使臣的代称。所谓"輶轩使者绝代语释"，所指应当是先代使者调查方言所得到的"绝代语"的释义，就是古代语言的解释；"别国方言"则是就地域而言，也就是西汉时代各地方言。这一题目本身就说明此书不是只讲"方言"的，而是包含了对"绝代语"的释义和"别国方言"的释义两方面的内容（据何九盈先生之说，见《中国古代语言学史》）。

西汉时除了扬雄和刘歆之外，关心方言问题的还有扬雄的同乡严君平和林间翁孺。扬雄撰写《方言》时，使用了他们保存的前代輶轩使者的部分材料。此外，《方言》中还可能包括有扬雄从当时的国家图书馆"石室"中得到的一些古书史料。

扬雄的《方言》是中国古代语言学史上第一部专门研究方言的著

作，对中国古代方言学的建立起到了巨大的推动作用，甚至可以认为，其问世标志着中国古代方言学的正式创建。该书不仅开创了方言学这门新的学科，第一次全面而系统地对全国的方言做了调查研究，第一次比较和描写了全国各地的方言，而且对语言研究的领域和方法做了新的探索，对研究中国语言学史做出了不朽的贡献。

扬雄琴道与《琴清英》

汉代董仲舒倡导"罢黜百家，独尊儒术"，为两千余年来儒学正统之滥觞。随着以孔子为代表的儒家学说的社会地位上升，琴学也逐渐为世瞩目。这使得两汉时期古琴艺术在理论的总结方面取得了较大的成就，比如，东汉琴家桓谭所著《新论》中有《琴道篇》，蔡邕著《琴操》等。

蜀地司马相如善鼓琴，其所用琴名为"绿绮"。一直崇拜司马相如的扬雄，于古琴之道岂能不问不知？

扬雄也是蜀地琴艺名家，精通乐理的桓谭说"扬子云大才而不晓音"。这里的"音"指音乐，而不是音韵。扬雄五十多岁时，刘歆曾经调侃他虽然博学多才但却不通音乐。扬雄听后不但不生气，反而向他请教相关知识，通过学习和实践，于元始四年（4年）写出了《琴清英》等音乐著作四篇。王莽得知后，上奏平帝，依据扬雄所撰，制定为朝廷的"乐经"，立于学官。

《琴清英》原书已佚,幸而《全汉文》辑有佚文。在《琴清英》里,扬雄云:"昔者神农造琴,以定神,禁淫僻,去邪欲,反其天真者也。"这里所言琴可反其天真,其实就是老子之谓"朴"。扬雄崇尚雅颂,提出了"中正则雅,多哇则郑"的古琴音乐审美标准。其奉"雅正"为乐之大美,显然敢于抛开那种以政治、社会、道德功利为音乐美的见解,认为音乐之美就在于音质美、形式美,这些观点对后世古琴发展有极其深刻的影响。同时他提出的"大音必希""声之眇者不可同于众人之耳"等观点,既是对音乐美学的重要贡献,似乎又是他自己历史命运的真实写照。

《琴清英》还讲述了他得到一张古琴并命名为"清英"及其他一些琴坊逸事,比如"夫妻偕隐"题材的滥觞、"双双化鸟"结尾的设置以及"主动性死亡"叙事等,使其具有重要的文学价值,完全可以纳入文学研究视野,为研究琴史、研究古琴与汉代文化及文学的关系,乃至为揭示诸多文学现象产生的原因提供了崭新的视角。

《琴清英》是传世文献中第一部专门的古琴学著作,标志着琴曲歌辞文本化的伟大开端,也标志着汉代古琴文化发展的新阶段。这一古琴学理谱系,扬雄《琴清英》肇其始,桓谭《琴道》(亡佚,未能流传)、蔡邕《琴操》继其后。在巴蜀地区,《琴清英》对后来蜀派古琴的确立与发展产生了深巨影响,称扬雄为蜀派古琴大家并不过誉。

"载酒"与"问字"

蜀人爱酒源远流长，扬雄是名士，自然也离不了酒，否则他如何写得出彪炳千古的《酒箴》？

扬雄一度罢官。他素无积蓄，非常贫困，可是爱酒依然，一往情深，这如何是好呢？

由于家里贫困，他不能再喝酒了，那么文思如何打发呢？有人知道了实情，索性用车载着酒和菜来向他求教。扬雄一见酒菜来了，文思泉涌，思骛八极，玄言奥义，连绵不绝，送酒的人因此大为受益。事情一传开，京城的有钱人于是经常向他求教。作为求教的礼物，都拉着酒菜上门。这就是"载酒"一词的由来。

扬雄《酒箴》里说："鸱夷滑稽，腹大如壶，尽日盛酒，人复借酤。""鸱夷"是巨大的皮制酒囊，移动起来就很不方便，所以在"人复借酤"时，要用一个"滑稽"来取酒。北魏崔浩在《汉记音义》中指出："滑稽，酒器也。转注吐酒，终日不已，若今之阳燧樽。"《儿女英雄传》讲得更通俗："这'滑稽'是件东西，就是掣酒的那个酒掣子，俗名叫'过山龙'，又叫'倒流儿'。因这件东西从那头儿把酒掣出来，绕个弯儿注到这头儿去。"说穿了，是利用虹吸原理取酒的一种器物。把酒滑引出来的"酒掣子"，还有限制的稽留功能。掌控弯曲的"滑稽"一端，或起或降，就是"稽首"的形象；控制一定的量，就是"稽查"，由此可见巴蜀酒文化的源远流长。

扬雄喝酒，更悟出了酒的启示录，比如他在《法言》中说，只有喝酒的实际内容而不讲究礼仪的形式，就会显得粗野；而讲究礼仪的形式而没有喝酒的实际内容，就会显得虚伪。形式与内容相符合才是真正的礼仪。扬雄其实拿捏到了一种分寸——适度，这本是蜀地的生活价值观。

那么，"问字"与扬雄又有什么关系？

扬雄对古文字学素有精湛研究，加上博闻强记，阅书无数，简直就是一部滔滔"字海"，诸如甲骨文、金文、篆书之类。有人就专门向他学文字学，这就是"问字"的由来。

"载酒""问字"这两件雅事，就这么在扬雄身上结合到了一起，成了一条标示极高品格的成语。也可以说，扬雄是当时学问的象征。

遥望"西蜀子云亭"

扬雄出身贫寒，成就极高，唐代刘禹锡在《陋室铭》中论证茅屋、草亭同样能孕育出公卿贤人，体现孔子的"君子居之，何陋之有"的思想，列举了诸葛亮、扬雄二人，写下了"南阳诸葛庐，西蜀子云亭"这一千古名句。

《汉书·扬雄传》只言子云住宅"处于岷山之阳"，时人称为"子云宅"，因向他求学、问字者极多，故时人又称其居为"问字宅"。"宅"与"亭"含义显然并不一样，而且古代的"亭"是一级地方行政建制。"子云宅"何时被变为"子云亭"的呢？

著名语言学家王力先生认为：刘禹锡所说的"子云亭"，其实就是

"子云宅",就是指的扬雄的故宅。刘禹锡是为了让《陋室铭》中的句子押韵,有意将"宅"改为"亭"的。

自刘禹锡《陋室铭》一出,流传海内外,"子云亭"也不胫而走。郫都人因地处扬雄故里而自雄,也将"问字宅"改为"问字亭"。又因扬雄曾作过《太玄》,影响很大,故又有人称其宅为"草玄亭"。清朝时期,为避"圣祖"玄烨讳,改"玄"为"元",又称为"草元亭"。

鉴于《陋室铭》名声太大,蜀中子云亭四处林立,凡是扬雄曾涉足过的地方,纷纷修建子云亭,其中较有名的有成都、犍为、剑阁、绵阳等地。

然而,哪里才是真正的"西蜀子云亭"呢?

据《直隶绵州志》记载,扬雄在前往京师长安(今陕西西安)之前,曾寓居涪县,即今绵阳。在西山和钟阳镇(今四川省绵阳市涪城区新皂镇)两处留有读书台和洗墨池等遗迹。《四川历史人物名胜词典》也认为,绵阳西山子云亭是目前仅存的一座子云亭。子云亭始建于隋,屡圮屡建。据《绵阳县志》载,清末重建的子云亭是木结构的长方形亭台,1976年在暴风雨中倒塌。后在原址又重建子云亭,仿木结构,至今犹存,称原址子云亭,以区别后来新建的子云亭。

巴蜀学者李殿元指出,《少城文史资料》认为子云亭当在成都,就在青龙街的原成都十三中内,依据是宋人乐史《太平寰宇记》、何涉《读易堂记》等。晚唐人郑晖撰《蜀记》即说扬雄宅邸是在秦大城内唐节度署西北二里二百八十步,其方位即在现在的青龙街。

除了子云亭,千百年来历代文人墨客怀思扬雄的胜迹,还有扬雄墨池。吴中复是北宋仁宋、神宗两朝名臣、诗人,他曾经担任成都知府,

绵阳子云亭

七律《游琴台墨池》一诗有"寻景春物乍晴暄，连月余寒花未繁。犬子琴台余古寺，扬雄墨沼但空园。池边宿草交加绿，林外鸣禽相斗喧。秀麦渐渐摇暖日，几重苍翠满郊原"的描写。

扬雄在成都的洗墨池，来源推测是修筑城墙挖土所致，后来命名为洗墨池，当然是扬雄住在这里之后。北宋学者何涉《读易堂记》里指出："扬雄有宅一区，在锦官西郭隘巷，著书墨池在焉。""郭隘巷"为旧地名，"洗墨池"后来居上渐渐取代了它。洗墨池衬托得亭堂老宅分外清润雅致，而成都人对水最为钟情。据说，曾有青龙从天而降，正巧落入洗墨池中，变为美女，故此地又被叫作"青龙街"。

《成都城坊古迹考》记载，墨池书院历经元、明、清兵火匪患，书院名称几百年不变。咸丰三年（1853年），墨池书院一分为二，墙左为墨池，墙右为芙蓉书院。1905年，两院合并改制为成都县立高等小学，1952年易名为成都第七中学。1953年，成都第七中学搬迁，墨池书院原址上建立起了成都市第十三中学。

遗迹俱往矣，但不会忘记的恰是王安石对扬雄的评骘："儒者陵夷此道穷，千秋止有一扬雄。"

俗话说，口吃者慧心。口吃者一直在提前推论每一个字词无碍的发音，不舒服，就要换一个。由此可见上苍的持正与公平。作为蜀人，我喜欢这些口吃者。尽管司马相如在卓文君的加盟下，名声早已显达四方，但我还是更喜欢可能更结巴的扬雄。他身上有一种奇妙、无穷、精怪而吊诡的魅力，就像我们面对一个博尔赫斯式的人物，他张口结舌，半天吐不出一个字。而当他绣口一吐，就是整个时代。

（蒋蓝　撰稿）

[延伸阅读]

古蜀史

现在所能看到的古蜀史，多是源自《蜀王本纪》与《华阳国志》两书所记内容。扬雄、常璩所采撷的多为传说，时有错漏。三星堆遗址、金沙遗址陆续出土后，古蜀的传说时代方逐渐可以摸到实际的轮廓并得到佐证。从历代蜀王的传说与近年来发现的历史考古遗址对应而论，五代蜀王为蚕丛、柏灌、鱼凫、杜宇、开明。

严君平

扬雄的老师是严君平（公元前86年—公元10年），西汉末，成都人。道家学者，思想家。原本姓庄，本名庄遵，字君平，后来《汉书》等忌讳汉明帝刘庄之名，才将其改名为严遵。著有《老子注》和《道德真经指归》。汉成帝时，隐居成都市井中，为人卜筮（即占卜看相），以此为生，多借此宣扬忠孝道义。至今，成都有君平街、君平巷。据传，乃昔日严君平卜肆之处，以此纪念先贤。

扬雄的赋

扬雄以"赋"名世，写有《反离骚》《逐贫赋》《广骚》《畔牢愁》等赋。但遗憾的是，《广骚》《畔牢愁》均已失传。《反离骚》体现了扬雄对屈原《离骚》的接受与反思，也可以看出对《离骚》显而易见的模拟痕迹。但《反离骚》对《离骚》的接受并非一味模仿，而是在模仿的基础上创新，在继承的基础上发展，这便是刘勰在《文心雕龙·辨骚》所给予的赞语"马扬沿波而得奇"。有学者认为，《反离骚》全文50句，共用了49个"兮"字，唯有一句没有使用"兮"字，这极有可能是他有意而为之。因为《周易·系辞上》云："大衍之数五十，其用四十有九"，扬雄有可能以此来配合大衍之数。而他的《逐贫赋》，是典型的寓言赋，通篇用"扬子"和"贫"主客对答形式，寄托"内我"的心灵天地。全赋构思奇异，庄谐相生，情节结构完整，寓意隽永而耐人寻味。结尾展示老人扬雄的旷达心性："贫遂不去，与我游息。"

诸葛亮：千古贤相 万世流芳

诸葛亮（181年—234年）

字孔明，三国时期著名的政治家、军事家，东汉琅邪阳都（今山东沂南）人。自公元214年入川，到234年病逝，治蜀施政达二十年之久。他励精图治，革除弊政，广任贤才，注重法治；多次出兵北伐曹魏，力图兴复汉室，一统天下。

诸葛亮主要行迹

*南中：今云南、贵州和四川西南部地区。

德高功昭的一生

汉灵帝光和四年（181年），徐州琅邪阳都（今山东沂南）诸葛氏家族，一个男婴呱呱坠地。

男婴的父亲诸葛珪是泰山郡丞，看着襁褓中的婴儿，他内心波澜起伏，既为新生命的诞生而激动，又为他生在兵荒马乱、瘟疫横行的东汉末年而心生担忧。也许是看到此刻天边晨曦初露，也许是渴望儿子一生敞敞亮亮做人，便给这个新生儿取名诸葛亮。

但凡有成就的人，大都经历过命运的磨砺，对他们而言，命运的坎坷不是包袱，而是垫脚石。正如《孟子》所言："天将降大任于斯人也，必先苦其心志，劳其筋骨，饿其体肤……"于诸葛亮来说，生母章氏在他三岁时去世，是他童年时期的第一个磨难。由于年幼的关系，母亲的离世并没有在他身上留下太深的伤痛。诸葛亮年幼时，父亲诸葛珪也因病去世。出身仕宦家庭的诸葛亮，目睹家中顶梁柱倒塌，也第一次领略命运的冷暖无常。然而，他仍旧是懵懂的，在这乱世纷争、群雄并起的时代，一个年幼的孩子尚不知道自己未来的位置在哪里。

诸葛亮的叔父诸葛玄听闻兄长诸葛珪病逝，马不停蹄地前往琅邪阳都，带走了两个侄子（诸葛亮、诸葛均）和两个侄女。

可是好景不长，诸葛玄于建安二年（197年）去世。十六岁的诸葛亮便躬耕于南阳郡管辖的邓县隆中。

乱世中的家庭变故与颠沛流离虽然残酷，却也在另一面塑造着更多的可能性。就在诸葛亮从家道中落的幼年到躬耕隆中的少年期间，天下大势正处于"分久必合，合久必分"的临界点。大格局与小人物的时代碰撞，在冥冥之中酝酿着、发酵着。

中平元年（184年），腐朽的东汉王朝在黄巾起义中摇摇欲坠，加上宦官、外戚交替专权，中央政府的威望被日益消解。中平六年（189年），汉灵帝去世，汉少帝刘辩即位，试图扭转乾坤。士大夫领袖袁绍提议，让西北军阀董卓进京帮助铲除宦官势力，没想到，这成了引狼入室之举。经过一番缠斗，外戚和宦官势力同归于尽，董卓坐收渔利，他杀掉汉少帝和何太后，实际控制了中央政府。各地的地方军阀纷纷以讨伐董卓的名义起兵，王朝末日的权斗大戏就此展开。

而此时，处在暴风眼中的少年诸葛亮，正安静地在隆中耕读，空闲的时候，优游地躺在树荫下，唱一曲《梁甫吟》。当然，仕宦家族出身的他，并非对外界的剧变毫不关心，他在饱读古书兵法的同时，也思考着天下之格局；他的思想更不是道家的逍遥江湖，他只是在默默积累，等待一个时机，成为这个格局中关键的一枚棋子。

在躬耕的日子里，诸葛亮的交际圈可谓"谈笑有鸿儒，往来无白丁"。他与当时的襄阳名士司马徽、庞德公、黄承彦等均有结交。黄承彦曾对诸葛亮说："听到你要选妻，我家中有一丑女，头发黄、皮肤黑，但才华可与你相配。"诸葛亮马上就应许了这门亲事，迎娶了黄承彦的女儿黄氏。但也有一些传说，说黄氏是一个美女，而且她受其父辈们的耳濡目染，自幼熟读经史，多才多艺，因为乡里其他年轻女性嫉妒她，所以诋毁她的容貌。

当时，诸葛亮常以政治家、军事家管仲、乐毅自喻，时人对他的自喻不以为然，只有好友徐庶、崔钧等人相信他的才干。后来，就是因为徐庶的推荐，求贤若渴的刘备才三顾茅庐，谱写了一曲贤君良臣的千古佳话。

在黄巾起义军失败的废墟上，新的权力触角开始发育生长，地方豪强的武装割据一方，政治黑暗，百业凋敝。

割据混战的初期，曹操占据兖州（今山东西南部地区）、豫州（今河南大部分地区），袁绍占据冀、青、并、幽四州（今黄河以北大部分地区），刘表占据荆州（今湖南、湖北两省和河南南部、贵州东部及广西大部分地区），孙策占据江东（今长江以东地区），刘焉、刘璋父子占据益州（今西南一带）。西汉中山靖王刘胜之后刘备先后依附公孙瓒、陶谦、曹操、袁绍、吕布，后来又到荆州投靠刘表，企图以"帝室之胄"的身份和"恢复汉室"的名义，招揽人才，称雄天下。

从建安六年（201年）开始，刘备在新野驻兵。刘备在荆州数年，提出的建设性意见刘表都不采纳，这时的他有些失落，自觉老之将至而功业未建，不知光复汉室何时才能成功。

一天，刘备在军营中忧心忡忡地思考未来的时候，卫兵的声音打断了他的思绪，原来是名士徐庶求见。求贤若渴的刘备马上邀请徐庶进来。

徐庶这次不仅是来自荐的，他还向刘备推荐了另外一个人。他说："诸葛孔明这个人，是人间卧龙啊，将军可愿意见他？"刘备说："您带着他一起来不就得了。"徐庶有些犯难，说："这个人不简单，不可以委屈他，不可召他上门来，将军您应该屈尊亲自去拜访他。"

刘备不明就里，心想这人架子这么大，还要自己躬身亲临去邀请。但转念一想，既然徐庶这么推崇这个人，他必定有过人之处。

于是，刘备带着关羽、张飞，备上粮草，在年关的寒冬迎着风雪，策马赶赴隆中（今湖北襄阳以西13公里处）。他们去了三次，终于在第三次见到了传说中的诸葛亮。

刘备起先有些怀疑，眼前这位先生是否真有传说那般能耐。他把旁人支开，向诸葛亮请教当前的政治局势，他问："现今汉朝倾颓，奸邪臣子盗用政令，皇上遭难出奔蒙受风尘。我德行浅薄，不自量力，想要在普天之下伸张大义。然而我才智与谋略短浅，弄到今天这个局面。我的志向至今难酬，您认为该采取怎样的策略呢？"

诸葛亮回答说："自从董卓作乱以来，各地方的英雄豪杰同时起兵。曹操拥有百万大军，挟制天子，进而用天子的名义命令诸侯，这种情势，不能和他硬抗。孙权拥有江东，已经经过三代的经营，地方险要且百姓顺从，当地的贤才被他任用了，这种情势下是可以和他结为盟邦的。"

诸葛亮继续说道："荆州北边有汉水、沔水，享有南海的全部资源，这个好地方往东可以联结吴、会稽二郡，往西可以通达巴、蜀二郡，是个可以用兵的地方，将军您是否有意把它夺取下来呢？"

荆州是刘表的地盘，这些年刘备在刘表帐下受了不少窝囊气，诸葛亮这么一说，实打实地说到他心坎里去了。

接着，诸葛亮指出，"益州地势险阻，拥有千里肥沃的田野，是个富庶的好地方，汉高祖因之成就帝业，当地刺史刘璋个性懦弱，不明事理。如果您能够同时拥有荆州、益州，保住这块险隘之地，往南安抚南部各族，对外和孙权结交和好，对内修好政治，便可三分天下。等到天下局势一有变化，就可以趁势出击，成就霸业，完成复兴汉室的理想了。"

这番论说后世称之为《隆中对》，这是此后数十年刘备和蜀汉的基本国策，当时诸葛亮只有27岁。

南阳诸葛草庐初建于魏晋，盛于唐宋，有一千八百多年历史。南阳郡是诸葛亮躬耕隐居地，汉昭烈皇帝（刘备）三顾茅庐处，"三分天下"战略的策源地。

刘备听后，如醍醐灌顶，对眼前这位年轻的智者心生敬意。于是在刘备力邀之下，诸葛亮便出山入幕了。

建安十三年（208年）八月，刘表病逝，其次子刘琮接手荆州，听到曹操大军南下的消息，遣使投降。刘备在樊城知道后，率军队和百姓南逃，曹军追击并在当阳长坂坡大破刘军。

刘备带着一群残兵来到夏口（今湖北武昌），看到部下丢盔弃甲、溃不成军，悲痛不已。这时，诸葛亮向刘备自荐，他能从东吴孙权处求来援兵，刘备信任诸葛亮，把起死回生的希望完全寄托在了他身上。

当时孙权拥军驻柴桑，以观望事态的发展。诸葛亮赶到柴桑后立刻面见了孙权，他为孙权分析了目前的局势——如今曹操已经基本平定了北方，现在又南下攻破了荆州，天下英雄豪杰若以一己之力是难以对抗曹操了。如果孙权愿意和刘备结盟，并派遣猛将和军队与刘备并力合谋，必定能够打败曹操。曹军如果战败，必定会回到北方去。这么一来，荆州和东吴的势力就会强大，天下三足鼎立的态势就形成了。成功或失败的关键，就在于此！

诸葛亮的分析透彻明了，孙权听后便决定联刘抗曹，立刻派遣周瑜、程普、鲁肃等率领水军随诸葛亮去见刘备，一起抵抗曹操。

建安十三年（208年）冬，曹操大军在赤壁（今湖北东南部，长江中游南岸）遭遇孙刘联军火攻，曹军损失惨重，此时军中又暴发瘟疫，曹操不得已引大军北还，留下征南将军曹仁留守南郡，折冲将军乐进留守襄阳。孙、刘各自夺去荆州的一部分，奠定了三国鼎立的基础，诸葛亮始任军师中郎将。

当赤壁的熊熊大火熄灭，尘埃落定，历史便翻开了新的篇章。诸葛

亮经过这一役，证明了他的军事才能和政治家把控全局的能力，更加深得刘备器重，进而夯实了自己在刘备集团中的地位。

之后，刘备的实力迅速壮大，进而谋取益州。建安十九年（214年），刘备夺取益州，封诸葛亮为军师将军，署左将军府事，管理益州政务。章武元年（221年）刘备称帝，建立蜀汉政权，任命诸葛亮为丞相，诸葛亮正式成为蜀汉的头号大臣。

章武二年（222年），刘备在东征伐吴的途中被陆逊打败，撤退至白帝城（位于今重庆奉节）的永安宫。复兴大汉似乎遥不可及，刘备忧愤而致病重，遂将诸葛亮从成都召来，把身后事情嘱托给他："你的才能是曹丕的十倍，必定能够安顿国家，终可成就大事。如果嗣子可以辅助，便辅助他；如果他没有才干，你可以自行选取处置的办法。"

这些年，君臣二人情同手足，诸葛亮见此痛哭流涕，"臣一定尽到辅佐大臣的职责，效法古人忠贞的节操，至死方休！"刘备又嘱咐儿子刘禅，以后要像对待父亲一般对待诸葛亮。

章武三年（223年）四月，刘备去世，刘禅继位，封诸葛亮为武乡侯。政事上，刘禅依赖于诸葛亮，诸葛亮也尽到辅佐大臣的职责，勤勉谨慎，大小政事都亲自处理，赏罚严明。

当时，南中（今云南、贵州和四川西南部地区）各部因刘备去世而乘机叛乱。建兴三年（225年）春天，诸葛亮率军南征，为了消除南中少数民族的反叛心理，诸葛亮在平定南中叛乱过程中采纳了马谡提出的"攻心为上，攻城为下，心战为上，兵战为下"的策略，七擒七纵之下终让孟获心服口服，此后南中再没有发生过大规模叛乱。

这次南征，蜀国获得了大量的资源，为北伐战争奠定了坚实的基础。特别是征服南中后，诸葛亮利用当地蛮夷兵源所组建的一支队伍，日后成为北伐战争的劲旅。

建兴四年（226年），魏文帝曹丕去世，其子曹叡继位，缺乏统治经验。诸葛亮抓住有利时机，决定出师北伐。在北伐之前，诸葛亮给后主刘禅上书，那便是千古名篇《出师表》，其中率直质朴、恳切忠贞的感情跃然纸上。诸葛亮在《出师表》中阐明了北伐的原因，"今天下三分，益州疲弊，此诚危急存亡之秋也。"当时只占据益州的蜀国地狭人稀，处境艰难，长此以往，蜀魏两国之间的差距将会越来越大。于是，在诸葛亮的带领下，蜀汉大军旌旗猎猎，剑指北方。

（明）佚名《诸葛武侯出师图》立轴

从建兴六年（228年）开始，诸葛亮为匡扶汉室，统一中原，先后兵出汉中，对曹魏发动了五次北伐战争。五次北伐，虽然蜀军取得了一定的战果，但终因各种原因而收效不大；而曹魏也曾在诸葛亮第三次北伐结束后，向蜀汉发动过反击战，但终因受蜀汉地形和气候影响而退军。

最后一次北伐，是在建兴十二年（234年）春，当时，诸葛亮率大军出斜谷道，占据武功五丈原（位于今陕西岐山），与司马懿率领的曹魏

岳飞所书《前出师表》

大军对峙于渭水。诸葛亮考虑到前几次北伐都因为运粮不继，导致功败垂成，于是开始分兵屯田，蜀军从不扰民，与百姓相安无事。

本打算长期驻扎下去，但诸葛亮却因过于操劳而病重。诸葛亮病重的消息传到成都后，刘禅派李福去探望诸葛亮，并询问了此后的国家大计。诸葛亮也对各将领交代后事，要杨仪和费祎统领各军撤退，魏延和姜维负责断后。

八月，诸葛亮病故于五丈原，享年五十四岁。蜀汉军队遵照诸葛亮遗嘱，秘不发丧，缓缓退军。司马懿率军追击，见蜀汉军帅旗飘扬，司马懿怀疑是诸葛亮用计诱敌，赶紧策马收兵，于是有"死诸葛吓走生仲达"的传说。大军返回成都后，刘禅追谥诸葛亮为忠武侯。诸葛亮虽未能一统中原匡复汉室，但却真正做到了鞠躬尽瘁、死而后已。

治蜀功业传千秋

建安十九年（214年），刘备夺取益州后，封诸葛亮为军师将军，署左将军府事，管理益州政务。彼时，诸葛亮接手的其实是一个"烂摊子"，原益州牧刘璋统治时期，益州长期骚乱，百姓怨声载道。

当时的蜀郡太守法正，以汉高祖刘邦入关后刑法宽简使秦人感恩的史例，劝说诸葛亮放宽刑法，以安定民心。诸葛亮回了法正一封信，也就是《答法正书》。他认为，治乱世要采取严刑峻法、恩威并济的措施，这样才能革新政治、纠正时弊。在他后来给刘禅的《出师表》中，也同样强调了奖惩分明的重要性："宫中府中，俱为一体，陟罚臧否，不宜异同。"于是，为了改变益州法纪松弛、德政不举、威刑不肃的局面。诸葛亮和法正、刘巴、伊籍等人共同制定了三国时期蜀汉的法律《蜀科》。

为了做到赏罚分明，诸葛亮身体力行，以身作则。第一次北伐期间，他派赵云、邓芝为疑军，据箕谷，吸引曹真前去防守眉县。自己则亲率诸军进攻祁山。

诸葛亮攻祁山时，任命自己十分赏识的参军马谡领导诸军在军事要道街亭（今甘肃陇城一带）防御曹魏将领张郃的进攻。可马谡在街亭违反诸葛亮的作战部署，舍弃水源，选择登上孤山据守，而非占据山下当道险要之处。张郃到后，包围孤山，断绝山上马谡军的水源，并且大举进击，大破马谡军，蜀军士卒四散，溃不成军。马谡失守街亭后，蜀军丧失了全部有利形势。诸葛亮引兵退回汉中。与胜利只有一步之遥的第一次北伐就此宣告失败。马谡违反军令，为显示法律的公正，诸葛亮含泪忍痛将马谡处死。

第一次北伐失败，诸葛亮认为自己身为统帅，用人不当，也有过失，便主动上疏后主刘禅，按军法把自己官职降低三等，以示惩戒，彰显出三军统帅以身作则的大智慧。

这种严格的"法治"思想，是对"刑不上大夫，礼不下庶人"的旧传统观念的颠覆，厉行法治、赏罚严明的政策对社会起到了明显的正面作用，不仅豪族地主不敢再胡作非为，新生的蜀汉政权和诸葛亮本人，也逐渐获得了百姓的拥戴。

就这样，仅仅数年，蜀国就成了一个"吏不容奸，人怀自厉，道不拾遗，强不侵弱，风化肃然"的国家。

诸葛亮提出过一个重要的选人标准——"德才兼具"，他认为人才不仅要有学识和专长，还要具有不求名、不避罪、忠贞、诚挚的高贵品德。

当时诸葛亮身边有个官员叫董和，他性格耿直，办事认真，颇有远见。每当与诸葛亮的意见不同时，他总是坦诚地提出来，甚至不惜发生争执，直到找到一个双方都认同的解决方法，争论方才罢休。诸葛亮十分赏识和尊重忠直的董和，他从董和的坚持己见中受益良多。于是，他担任丞相管理朝政后，专门发布《与群下教》，告谕官员，向董和学习，提出"集思广益"的主张。为了发挥人才的效用，他创设了"参署"一职。诸葛亮向僚属下达指示说，之所以设置"参署"，是要参与处理事务的官员在一起，集中大家的智慧，推广对国家有益的事。如果为了避嫌，不愿发表不同的意见，就会荒废政事而给国家带来损失。经过反复争论而得到正确的意见，就如扔掉破鞋获得珠玉一般珍贵。

在任用人才方面，他用人唯贤，"外举不避仇，内举不避亲"，重真才实干。而且在用人方面对思想品质要求相当严格。他对人从"志、变、识、勇、性、廉、信"七方面进行考察，选拔出不少人才。

在古代杰出的政治家中，就选拔和培养德才兼备、清正廉洁的继承人而言，诸葛亮所取得的成功可能是独一无二的。他以身作则，众多官员效法追随，共同造成了一个廉政时代，蜀汉被公认为三国时期治理得最好的政权。

益州本是"沃野千里，天府之土"。西晋著名文学家左思在《蜀都赋》中写到那时的益州是："沟洫脉散，疆里绮错，黍稷油油，粳稻莫莫。"并且盐井、铁山丰富，但由于原益州牧刘璋的无为，益州却变得"德政不举，威刑不肃"。

诸葛亮掌管蜀汉事务后，"先理强，后理弱"，用法制解决了强民专权自恣的问题，再抓住"为政以安民为本"的根本，发展生产。

早在战国时代，李冰父子修建都江堰恩泽川西平原，成都平原从此水旱从人，享有"天府之国"的美誉。刘备入蜀之后，诸葛亮意识到都江堰是农业之根本、国家经济发展的重要支柱，于是，他专门设置了堰官，每年征集兵丁一千二百人长年驻守，对其进行日常的管理和维护。

此后各朝，都江堰所在地的县令均为都江堰水利工程的主管。宋朝时进一步制定和完善了都江堰岁修制度，并施行至今。

在社会动荡的特殊时代，诸葛亮以敏锐的眼光看到了人民的安定对社会秩序和统治秩序的重要意义，因此，他十分关注民生，积极主张实行惠民措施。

在一出祁山失败之后，为减轻军费、军饷负担，诸葛亮在军中实行"减兵省将"，建立了士兵轮换制度，使农业生产不因士兵长期在外作战而被耽误。

除此之外，诸葛亮看中了蜀锦所蕴含的巨大经济价值，认为蜀锦可以成为蜀国重要的财政收入之一，于是大力发展织锦业。在建兴初年，诸葛亮下达《言锦教》，强调"今民贫国虚，决敌之资，惟仰锦耳"，把蜀锦上升到了国家战略物资的高度，蜀锦生产对国计民生有着极大的重要性。他带头养蚕务桑，亲自动手在府邸的周围种桑800株进行示范，号召蜀地百姓大量植桑、养蚕，为蜀锦生产提供足够的原料。诸葛亮同时在成都设置锦官，以集中织锦工匠，管理织锦，成都的别名锦官城即由此而来。诸葛亮对蜀锦的发展做出了重要的贡献，而蜀锦正是经过三国时期的大发展，才有了之后"中国四大名锦之首"的美誉。

由于秦岭和大巴山的阻隔，当时出入益州十分不便，为了推动蜀锦的对外贸易，诸葛亮下令组织人力修复栈道，开山凿石筑成山路，以供商旅通行。于是交通开始便利，蜀国对外贸易局面焕然一新，蜀锦的销路也更为广阔，行销魏、吴两国，蜀锦成为蜀国财政收入的重要来源。南朝刘宋时山谦之编纂的《丹阳记》里说"历代尚未有锦，而成都独称妙，故三国时魏、吴皆资于西蜀，自是始乃有之"，《后汉书·左慈传》也记载，曹操曾派人到蜀中买锦，由此可见蜀锦是在魏、吴两国十分畅销的商品。

诸葛亮在南征时，又把蜀锦织造技艺传授给当地百姓，使西南少数民族地区的织锦技术有了很大发展。

在增加蜀国国民收入的同时，诸葛亮提倡勤俭节约，反对铺张浪费。在他的带动之下，蜀国的绝大部分官员都节俭成风。在诸葛亮实行了一系列开源节流的治国方针后，蜀国的经济得到了很好的恢复和发展。

短短几年时间，蜀国在诸葛亮精心的治理下，发展迅速。《蜀都赋》里称赞被诸葛亮治理过的蜀国"家有盐泉之井，户有橘柚之园"。

在成都大慈寺以西，有一条街面很窄的古街，街南侧有一口水井，据传是诸葛亮亲手开凿，故名诸葛井。

诸葛井井口不宽，上用岩石砌筑，虚悬空嵌，足见这口井在建筑上精工巧技的独到之处。明人杨名曾著有《诸葛井祠记》，文中记载："其制与他井不同，大约中虚方丈，深二丈，口径尺许，精工坚固，非俗工所能为，以创自诸葛忠武侯，故托之名。"

相传，有一年成都大旱，城里许多水井已经干涸见底或浑浊不可饮，唯有诸葛井里的水清澈甜美，人们从早挑到晚，却不见井水浑浊或减少。一名好奇的年轻人跳到井底，想探个明白，看个明白。奇怪的是，井底异常宽阔，年轻人不但未被淹着，反而在井底听见鸡鸣声。他四处寻找，看见井底有一条通道，他顺着这条通道往前走，越走越亮，径自走到了九眼桥边。这个故事虽是传说，但足以窥见巴蜀人民对诸葛亮的怀念和尊敬。

成都老南门大桥原来叫万里桥，这里也有着与诸葛亮相关的故事。刘备攻取益州后，蜀汉与东吴因为荆州的归属问题发生矛盾。先是关羽丢失荆州被杀，后来刘备兴兵征吴又遭败绩，吴、蜀从此由盟国变成了仇敌。诸葛亮受刘备之托辅政后，立即派邓芝出使东吴面见孙权，意图重修盟约。孙权也派使者张温来蜀汉交流。

在当时，水路是出入蜀地的重要途径。锦江河水奔流，万里桥是当时成都南门十分繁华的水陆码头和交通要口。据唐李吉甫《元和郡县图志》载，诸葛亮在此设宴送费祎出使东吴，费祎叹曰："万里之行，始于此桥。"该桥遂由此得名。又据宋刘光祖在《万里桥记》中记述，东吴使者张温访蜀后，取水路回国，诸葛亮送他到此桥上，对张温说，这桥下之水可通万里之外的扬州。由此，该桥得名"万里桥"，代代相传。不论哪种说法，万里桥的得名与诸葛亮有关，足见他在蜀地的影响力。

《成都府志》记载："九里堤在府城西北隅，其地洼下，诸葛武侯筑堤九里，以防冲啮。"这里提到的九里堤，在成都市区西北，现在还可见一条东西横卧、长约两百米、高近两米的土埂，这便是古老的成都九里堤的残存部分。此堤相传为诸葛亮所修，所以又称为"诸葛堤"。

原来，当时成都西北方向地势低洼，容易积水，于是修筑了九里长的堤坝来防洪，宋时太守刘熙古又巩固修复。对于"诸葛亮筑九里堤"一说，巴蜀文化学者袁庭栋认为有待商榷。他认为，"从宋代的文献来看，这种说法完全是出于成都人对诸葛亮的尊崇"。

虽然九里堤或许不是诸葛亮所修建，但人们将他与九里堤这样的水利工程联系在一起，还是有一定的道理。他在治理蜀国期间，深知农业生产对国家和人民的重要作用，因而大力提倡"务农殖谷，闭关息民"，重视发展农业，种粮植桑，养蚕织锦，兴修水利。

在四川，还有很多地名可以寻觅到诸葛亮的影子。如，诸葛亮当年

唐代裴度撰《蜀丞相诸葛武侯祠堂碑》碑（拓片）。此碑简称"唐碑"，镌立于唐宪宗元和四年（809年），裴度撰文，柳公绰书丹，鲁建镌刻，此三人皆是各自领域的佼佼者，因此此碑亦被称为"三绝碑"。此碑目前位于武侯祠大门与二门东侧碑亭中，有砖砌碑亭保护。

实行耕战结合，屯兵设大营门。过去，人们将军营的门或官署的外门称为辕门或营门，故而得名"营门口"。在成都的青白江区，残留的六垒八阵图，相传亦为诸葛亮推演兵法、操练士卒所用。

在蜀国统治所达的云南地区，民间至今流传着"孔明老爹"如何教他们司牛耕地、栽谷种田、修渠挖堰的种种传说。在云南保山县城南约十里处有大小三个堰，同样传说为诸葛亮所修，取名"诸葛堰"。由此可见，诸葛亮提倡兴修水利影响深远。

诸葛亮刚病逝时，蜀国治下的许多地方纷纷上书，请求为诸葛亮立庙。虽然蜀汉朝廷碍于礼制，不能为诸葛亮建立寺庙，但民间百姓却利用岁时节令私下祭祀诸葛丞相。直至诸葛亮去世二十九年后，刘禅才下诏给他建庙。据统计，四川历史上有过三十多座武侯祠，仅成都历史上就先后有过七座武侯祠。如今只有成都南郊武侯祠尚存，成为全国影响力最大的三国遗迹博物馆。

鞠躬尽瘁彪青史

刘备去世后，诸葛亮以丞相之尊、托孤之重，辅佐后主刘禅，他牢记孔子的名言："其身正，不令而行；其身不正，虽令不从。"（《论语·子路篇》）他把正身律己、率先垂范放在极其重要的位置。其中一个重要方面，就是廉洁奉公、以身作则。

诸葛亮率兵第五次北伐临行前，他向蜀汉后主刘禅递上奏疏："今成都有桑八百株，薄田十五顷，子弟衣食，自有余饶。至于臣在外任，无别调度，随身衣食，悉仰于官，不别治生，以长尺寸。若臣死之日，不使内有余帛，外有赢财，以负陛下。"

作为一名总揽军政的功勋丞相，诸葛亮的全部家产是薄田十五顷，包括种有八百株桑树的桑田。按照《晋书·食货志》记载，西晋初年对官员的占田数量有明文规定，"第八品十五顷，第九品十顷"。可见，诸葛亮虽官居一品，但他的田产仅与八品小吏的占田数相当。

古代并没有官员财产申报制度，但是诸葛亮却主动开启了自报家产之先河，不能不说他的忠贞廉洁天地可鉴。

在这份自报财产的材料中，诸葛亮申明他在外任上"无别调度"，没有利用带兵在外的职务之便，以权谋利，假公肥私；他平生"不别治生，以长尺寸"，从不另外私下经营产业，来增加私产；他不让家中有多余的布帛、家外有多余的财产，哪怕是寸土寸金，也不积聚，所谓"不使内有余帛，外有赢财"。

诸葛亮之所以自报家产，不外乎两个原因：一是表明自己是廉洁的，二是自己财产来源合法。《资治通鉴》说："卒如其所言。"诸葛亮病逝后，朝廷了解到，他的遗产跟他生前申报的一样。

建兴十二年（234年）秋八月，诸葛亮因积劳成疾，病逝于第五次北伐曹魏的军中，时年五十四岁。临终前，他交代，"死后葬汉中定军山，因山为坟，冢足容棺，殓以时服，不须器物"。也就是说，他要求死后葬在汉中的定军山下，依山造坟墓，坟的大小能放进一口棺材就行，入殓安葬时就穿平时所穿衣服，墓中不需要随葬任何器物，总之一切从简。根据诸葛亮的遗命，长史杨仪等将其灵柩运回汉中，同年底，安葬于定军山下。

《后汉书·王符传》记载，汉代厚葬之风盛行。当时，京师和郡县的有钱人家，不惜花巨资，造大墓、植松柏、修祠堂。从多年来全国各地的考古资料来看，也证明了汉代王侯将相墓葬的奢华程度。

诸葛亮生前官至蜀汉丞相，封武乡侯，领益州牧，位极人臣，权重威高。可他去世后遗命薄葬，这与当时的厚葬遗风形成了鲜明对比。

诸葛亮之后，历史上清廉有为的官吏都以诸葛亮为楷模，勤政廉洁风气后继有人。例如忠勤敬业的东晋大司马陶侃、卖狗嫁女的东晋刺史吴隐之、执法如山的北宋开封知府包拯、两袖清风的明代名臣兵部右侍郎于谦、清代天下第一廉吏的总督于成龙、以"当代诸葛亮"自居的军机大臣左宗棠等,他们都是诸葛亮勤政廉洁思想文化的践行者和传承者。

诸葛亮的先人诸葛丰是琅邪诸葛氏家族早期的一位显赫人物。《汉书》记载诸葛丰通晓儒经,性情刚正不阿。曾为御史大夫贡禹属官,后被荐举为侍御史。诸葛亮作为诸葛丰后裔,在辅佐刘备期间,为政忠勤,继承其祖传家风,以法为准,执法从严。

诸葛亮不仅以清正廉洁激励百官,而且以此严格教育子侄,把清廉作为传家之宝。

在《诫外甥书》中,他提出了"志当存高远"的名言,要求后辈树立远大志向,"慕先贤,绝情欲",不为物欲所累,不为贪念所牵,从而培养高尚的情操。

由于诸葛亮婚后迟迟没有子嗣,便与长兄诸葛瑾商量,请求将其次子诸葛乔过继给自己。诸葛瑾征得孙权同意后,让诸葛乔来到蜀国。

诸葛亮十分钟爱诸葛乔,但诸葛亮并没有让诸葛乔在丞相府中养尊处优,而是将他任命为驸马都尉,随自己进驻汉中。在给诸葛瑾的信中,诸葛亮写道:"乔本当还成都,今诸将子弟皆得传运,思惟宜同荣辱。今使乔督五六百兵,与诸子弟传于谷中。"在风餐露宿的艰苦劳作中,诸葛乔染上疾病,竟于建兴六年(228年)去世,年仅二十五岁。在诸葛乔去世前一年(227年),诸葛亮之子诸葛瞻出生。

《诫子书》是三国时期政治家诸葛亮写给他儿子诸葛瞻的一封家书。在《诫子书》中,他提出了:"非淡泊无以明志,非宁静无以致远。"这句话后来简化为"淡泊以明志,宁静而致远",更加深入人心。《诫子书》短短八十六字，开家教训导之先声，为处世治国之根本，是修身养性之准则，实为千古之绝唱。

诸葛亮不仅以此励子，且以此自诫。诸葛亮讲"俭以养德"，可谓与孔孟修身思想如出一辙，并且把它付诸实践。

诸葛亮的一生，以"静""俭"的操行修身、齐家、治国、平天下，而堪称千古人杰。后世诸葛氏之子孙们，无论贫富穷达，都始终保持"静以修身，俭以养德"的操行。

建兴十二年（234年），诸葛亮最后一次北伐，给诸葛瑾写信道："瞻今已八岁，聪慧可爱，嫌其早成，恐不为重器耳。"就在这年八月，诸葛亮病逝于北伐前线。此后，诸葛瞻在刘禅的关照和民众的爱护下，一直顺利成长。尽管他的文才武略远远无法企及父亲之项背，却继承了父亲的忠贞品格和清廉之风。当邓艾奇袭阴平（剑门关西北，今甘肃文县境内），蜀国面临亡国危局时，他率兵抵御，不幸战败，断然拒

成都武侯祠

绝邓艾的诱降，慷慨赴敌，以死殉国，时年三十七岁。其长子诸葛尚也一同战死，三代忠烈，在蜀汉历史上写下了悲壮的一页。

诸葛亮子孙皆英烈，一门尽忠贞。清廉家风，代代相传。成都武侯祠诸葛亮殿正中是诸葛亮的贴金泥塑坐像，两侧是他的儿子诸葛瞻、孙子诸葛尚的塑像，这正是后人对其祖孙三代忠烈之风的一种纪念。

（曾勋　撰稿）

[延伸阅读]

梁甫吟

步出齐城门,遥望荡阴里。里中有三墓,累累正相似。

问是谁家墓,田疆古冶子。力能排南山,文能绝地纪。

一朝被谗言,二桃杀三士。谁能为此谋,国相齐晏子。

《梁甫吟》(亦作《梁父吟》)是三国诸葛亮创作的一首乐府诗,从望荡阴里见三坟写起,转到写坟中人被谗言遭杀害的悲惨事件,再转到揭出设此毒计之人。四川大学历史系教授王炎平认为:"故诸葛亮'好为《梁甫吟》',盖悲士之立身处世之不易,讽为相之不仁也。此乃诸葛亮观古今之士道与治道,有所感慨而作。其在乱世,能如此读史并观世,是其器识甚远大,而立身甚崇高也。"

答法正书

君知其一,未知其二。秦以无道,政苛民怨,匹夫大呼,天下土崩;高祖因之,可以弘济。刘璋暗弱,自焉已来,有累世之恩,文法羁縻,互相承奉,德政不举,威刑不肃。蜀土人士,专权自恣,君臣之道,渐以陵替。宠之以位,位极则贱;顺之以恩,恩竭则慢。所以致弊,实由于此。吾今威之以法,法行则知恩;限之以爵,爵加则知荣。荣恩并济,上下有节,为治之要,于斯而著矣。

(出自《资治通鉴·卷第六十七·汉纪五十九》)

译文:

您是只知道事物的一方面,而不知道它的另一方面。秦王朝昏庸无道,刑罚苛严,导致百姓怨恨,陈胜、吴广揭竿而起。汉高祖刘邦吸取秦朝的教训，采取了宽大的措施，取得了成功。你因此认为益州今日当缓刑弛禁，这是不对的。因为当今益州已历刘焉、刘璋两朝统治，他们只靠一些表面的文书、法令来维持天下，养成了相互吹捧的恶习，导致德政不施、威严不肃。因此益州豪强胡作非为，君臣之道日渐废替。这样，用当官封爵的宽容办法来笼络他们，结果是：官位给高了，他们反而不觉得可贵；恩惠给多了，他们反而不知好歹。如今，我严明赏罚，法令一行，他们就会知道好歹；不滥封官加爵，这样官位升了，他们就会感到来之不易而珍惜它。如此赏罚并用，相辅相成，上下就有了秩序。

诫外甥书

夫志当存高远，慕先贤，绝情欲，弃凝滞。使庶几之志，揭然有所存，恻然有所感。忍屈伸，去细碎，广咨问，除嫌吝，虽有淹留，何损于美趣，何患于不济。若志不强毅，意不慷慨，徒碌碌滞于俗，默默束于情，永窜伏于凡庸，不免于下流矣！（出自《太平御览》卷四五九）

译文：

一个人应当有高尚远大的志向，仰慕先贤，戒绝情欲，抛弃阻碍前进的因素。使先贤的志向，在自己身上显著地得到存留，在自己内心深深地引起震撼。要能屈能伸，丢弃琐碎，广泛地向人请教咨询，去除猜疑和吝啬，这样即使因受到挫折而滞留，也不会损伤自己的美好志趣，又何必担心达不到目的。倘若志向不刚强坚毅，意气不慷慨激昂，那就会碌碌无为地沉湎于流俗，默默无闻地被情欲束缚，势必永远沦入凡夫俗子之列，甚至免不了成为庸俗的下流之辈。

诫子书

夫君子之行，静以修身，俭以养德。非淡泊无以明志，非宁静无以致远。夫学须静也，才须学也，非学无以广才，非志无以成学。慆慢则不能励精，险躁则不能冶性。年与时驰，意与日去，遂成枯落，多不接世，悲守穷庐，将复何及！

译文：

君子的行为操守，从宁静来提高自身的修养，以节俭来培养自己的品德。不恬静寡欲无法明确志向，不排除外来干扰无法达到远大目标。学习必须静心专一，而才干来自学习。所以不学习就无法增长才干，没有志向就无法使学习有所成就。放纵懒散就无法振奋精神，急躁冒险就不能陶冶性情。年华随时光而飞驰，意志随岁月而流逝，最终枯败零落，如果不接触世事、不对社会有所作为，只能悲哀地坐守着那穷困的居舍，其时悔恨又怎么来得及！

武则天：无字碑述说唐史风云异彩

武则天（624年—705年）

唐高宗皇后、武周皇帝。公元690年—705年在位。弘道元年（683年）高宗病逝后，她临朝称制。载初元年（690年）自称圣神皇帝，改国号为周。她重视农桑，轻徭薄赋；广开言路，注意纳谏；发展科举，开创殿试制度，为"开元盛世"奠定了坚实的基础。

武则天主要行迹

嘉陵江畔，乌龙山东，皇泽寺矗立千余年，见证着李唐一代的历史风云变幻。

时光穿梭，贞观初年，皇泽寺所在的利州（今四川广元）城内，来了一位当世闻名的相术师袁天罡。他在被唐太宗召见后从长安（今陕西西安）返回蜀地，途经利州，被时任利州都督的武士彟请到家中为全家人相面。当袁天罡看到尚在襁褓中的武则天时，惊呼"若为女，当做天子"（《新唐书》《旧唐书》）。自此，揭开了一代女皇武则天的传奇经历。

术士相面的传说终归是传说，亦让武则天颇具神秘色彩的一生更加神秘。由于正统史家传统观念影响，各种历史文献记载多互相矛盾甚至不惜歪曲、诋毁。在漫长的一千三百多年的历史长河中，关于武则天留下了太多悬而未决的疑问，甚至连她的姓名、生卒年都没有公认的准确记载。但不可否认，她在"男尊女卑"的封建时代，着实靠着非凡的智慧和卓越的能力成为中国唯一的女皇帝，在历史风云中留下了不可磨灭的异彩与光辉。

自唐以降,皇泽寺便成为武则天的祀庙,在她的出生地广元,也流传着许许多多的民间故事。现在,让我们站在留下武则天童年印记的巴蜀大地,穿越历史的风云,去一睹女皇传奇风采。

生于广元　不凡童年

武则天祖籍山西文水,据宋《元丰九域志》记载,武则天父亲武士彟任利州都督期间,其母杨氏生下武则天,生年为武德七年至贞观二年(624年—628年)之间。

当然,武则天不是她在世时的名字,那是她在神龙元年(705年)被迫退位后,儿子李显,即唐中宗给她的尊号"则天大圣皇帝"。在她去世后,按照她的遗嘱"去帝号",谥号"则天大圣皇后"。到唐玄宗时,被尊为"则天顺圣皇后"。则天二字,出自《论语》,"惟天为大,惟尧则之",意思是取则于天,取法于天,自显气象磅礴。宋庆龄曾评价,"武则天是中国历史上唯一的女皇帝、封建社会杰出的女政治家。"饱览史书的毛泽东称其"既有识人之智,又有用人之术,还有容人之量"。此外,武则天的四川老乡、历史学家郭沫若对武则天评价甚高,赞其"政启开元治宏贞观","芳流剑阁光被利州"。还值得一提的是,郭沫若不仅写出了话剧《武则天》,还发表了《我怎样写〈武则天〉一文》《武则天出生在广元的依据》,通过实地调查、史料例证等判定，武则天生于四川广元，在史学界引起讨论。

自古不凡之人必有非凡童年。在一千多年前，科技远没有今天发达，思想也没有如今开化。浩瀚史料中，很多大人物的童年都鲜有记载，更何况孩提时代的"小女子"，但袁天罡相面的传说在正史和野史中都有记载。我们也可从其中感受武则天童年的"奇异与非凡"了。

据《大唐新语》载，"袁天罡，益州人，尤精相术。贞观初，敕召赴京，途经利州，时武士彟为节度使……武则天时衣男子服，乳母抱出，天罡大惊曰：龙睛凤颈，贵之极也。……若是女，当为天子"。我们用今天的语言还原一下，原来袁天罡是益州人，也就是今天的成都人。他是一位有名的相术大师。当时，袁天罡先为武则天的母亲杨氏看相，说："夫人骨相非凡，一定生有贵子，可否请府中公子小姐出来看一下。"杨氏是武则天的生母，武士彟的第二任夫人，当时只生育了两个女儿，未生儿子。但武士彟已故妻子相里氏生有元庆、元爽二子，遂请袁天罡看相。袁天罡说，这两个孩子以后贵可当刺史。再看武则天的姐姐，说："这个女娃也有大贵之相，但也有不利的事情。"这时，乳母抱出了尚在襁褓中的武则天。当时武则天按男孩衣着打扮，袁天罡一看，不得了，脸色都变了。说这个郎君生得是龙睛凤颈，这是大富大贵的样子，如果是女孩，必定为天下之主啊。

袁天罡为武则天相面的说法盛传于唐太宗时代，虽然在正史中也有记载，但多是因为武则天做了皇帝，后人附会编造的。在古代，封建迷信盛行，这样的说法也让百姓认为出了一位女皇是上天注定的，有君权神授的意味。

还有一则流传广泛的"江潭感孕"故事。相传武士彟与夫人杨氏参加利州龙舟盛会，官船行至黑龙潭（皇泽寺附近）时，乌云笼罩江面，江中乌龙飞跃扑进官船，杨氏骇倒在船上，片刻后乌龙冲出官船，同时一只凤凰也伴着彩霞飞来，在官船上空翱翔长鸣。杨氏回府后怀孕，次年生下武则天。这则传说为当时人所信。晚唐诗人李商隐途经利州，还作了如下一首诗：

利州江潭作（感孕金轮所）
神剑飞来不易销，碧潭珍重驻兰桡。
自携明月移灯疾，欲就行云散锦遥。
河伯轩窗通贝阙，水宫帷箔卷冰绡。
他时燕脯无人寄，雨满空城蕙叶凋。

这首诗用典较多，内容晦涩，诗家各类解读不一。但有一点可以说明，晚唐时的很多人都知道"江潭感孕"的传说，为武则天出生于广元增添了又一文学例证。

利州皇泽寺，原是一座始建于北魏的佛教寺庙，曾名"西佛龛"，因为武则天的赐名而改叫"皇泽寺"，取"皇恩浩荡，泽被故里"之意。

在皇泽寺大殿中，有一尊女皇真容金身像。头戴宝冠，身着僧袍，肩披素帛，项饰珞圈，双手相叠于膝。细细看来，这尊塑像面部肌肉有些松弛，眼袋突出，身材也微微发福。根据记载，该尊像塑于武则天登基后，也就是六十三岁以后，展现的是她晚年的形象。而早在南宋时祝穆编撰的《新编方舆胜览》里，就有关于这尊塑像的记载："其地皇泽

广元皇泽寺（李晨鹜 摄）

寺有武后真容殿。"

殿中还有一块广政碑。1954年修建宝成铁路时，筑基工程通过皇泽寺下，工人们挖出一通五代后蜀广政二十二年（959年）的石碑，碑文载"贞观时，父士彟为都督于是州始生后焉"。正是根据这段碑文，历史学家郭沫若断定，"武后毫无疑问生于广元"。

时至今日，广元被称为"女皇故里"，更有则天坝、女儿节、女皇蒸凉面等历史留存、民俗习惯等供后人观览或承继。

才人皇后　惊天逆转

武则天毕竟不是普通百姓人家的孩子。其一生之所以不平凡，离不开家世奠定的基础。

父亲武士彟，尽管出身非士族，但和唐高祖李渊交情颇深，在李渊起兵反隋之时就追随李渊并发挥了重要作用。据传，武士彟爱读书，又钻研过兵法，性格沉毅、坚定、善谋，喜好结交各路人士。晋地多出商贾，武士彟商业头脑灵活，趁着隋文帝晚年大兴土木，靠着经营木材生意赚了一大笔，成为远近闻名的富户。后隋炀帝时期，武士彟和高官多有往来，认识了隋炀帝的堂弟、燧宁公杨达，杨达当时主持营建东都洛阳，木材生意交给了武士彟，从此财富横生自不必说。更重要的是，出身庶族的武士彟有了"高级朋友圈"，也正是在那时，他结识了李渊，开启了重要的人生转折。

打仗不是小事，打的都是钱和粮。在李渊反隋之初，武士彟帮了很大的忙，献计出力出钱。他还向李渊献出了自己写的《兵法典要》，深受李渊赏识。至李渊称帝建立唐朝，曾下诏书敕封十四人为开国元勋，武士彟便位列其中，授光禄大夫，加封太原郡公。以后又做了扬州大都督长史、利州都督、荆州都督等。李渊还关心武士彟的家庭生活，得知他丧偶，亲自为他选择了第二任夫人杨氏。杨氏是杨达的女儿，系出名门，与武士彟婚后生有三女，武则天是二女儿。

与武士彟命运关联极大的利州，即今天广元，自古地理位置重要，是周秦以来，由中原入蜀至西南各地的交通咽喉。唐朝时有部大型地理著作叫《括地志》，由唐初魏王李泰（唐太宗第四子）主编。其中就说利州水路通巴楚，陆栈达秦蜀，北控褒斜，南扼剑门，既是秦汉以来秦、陇、蜀三边的货物集散地，又是蜀北军事重镇。

生于这样的家庭，武则天自然不同于平常百姓家女子，加上母亲杨氏的悉心指导，可谓知书达理。在士族为上的隋唐时代，武士彟算是走到了人生的巅峰，但在士族大家面前，还是势单力薄。他死后，原配夫人的两个儿子当家，杨夫人和女儿多受排挤，生活境况大不如前，不得已还寄居到杨氏亲戚家中，这让年幼的武则天从宽裕无忧的大小姐成为看人脸色的寄居客，可谓提前品尝了人情冷暖。从她成为皇后后对两个哥哥武元庆、武元爽的态度及做法可见一斑。

生活中的磨炼也造就了武则天不同于他人的性格。父亲死后第二年，太宗李世民听说武士彟的女儿有才貌，随即召入宫中，封为才人。相传杨夫人在接到朝廷敕旨后，虽然面带欢喜谢主隆恩，内心却带着酸楚。她知道后宫生活的艰辛危险，大多官宦人家的女子从此在深宫内终此一生，甚至遭遇不测，受到皇上宠爱而又善终的，少之又少。武则天看出了母亲的失落，反而安慰母亲说："见天子庸知非福，何儿女悲乎？"（《新唐书》卷七十六《则天顺圣皇后传》）意思是，您怎知见皇帝不是一件好事呢？尽管是宽慰，但从这一句中，可见武则天的见识和胆量。

武则天所寄居的亲戚家，是杨氏的堂兄和侄女杨妃家，都与朝廷及后宫交往极密。据说齐王王妃和桂阳公主十分赏识武则天，也借由她们，将武则天的美貌和才华传进宫中，为太宗所知，史说武则天"美容止"（《旧唐书·则天皇后本纪》）。

可惜，年仅十四岁的武则天进宫后并未受殊遇。这一点在唐太宗驾崩后武则天出家为尼的史实中可以看出。武则天入宫为才人，在后宫属于中等偏下的五品官职。

武则天做了太宗才人十多年，并未受宠，当时，只要被皇帝宠爱，在后宫地位的变化很快。和武则天同时期入宫的徐惠，刚进宫也是才人，得到皇帝宠幸不久，就被封为婕妤，从正五品升到了正三品，之后又拜为充容，成为正二品。徐惠并非靠着美丽容颜受宠，她是地地道道的才女，从小有神童美誉，四岁能熟读《毛诗》《论语》，到了八岁已然能写出好文章。同时，她还关心国家大事，曾上疏太宗，建议太宗减少征战，节制营缮，崇尚俭朴，勿烦扰百姓，死后被追谥为徐贤妃。

而武则天，进入宫门那一刻为才人，第一次走出宫门出家为尼时还是才人，只能说明她并不为当时的太宗所喜爱。唯一有记载的，还是武则天晚年自己提起的，后人也无法证真伪的故事——用三物制服太宗烈马"狮子骢"。即先用铁鞭击，再次马鞭抽，仍不服，可用匕首割其喉。虽颇有胆识且勇武，但太宗显然不喜欢这样性格的女人。他所喜爱的后宫女子，多是像长孙皇后、徐惠这样个性内敛、温婉善谏型的女子。

649年五月，太宗驾崩翠微宫。在长孙无忌、房玄龄、李勣、褚遂良等股肱大臣参与下，经过一番宫廷间的利益权衡和明争暗斗后，李世民第九子李治继承皇位。按照惯例，先皇死后，其没有子嗣的嫔妃全部削发为尼。武则天只有离开皇宫，到感业寺出家。至此，按照历史最常见的演进脉络，武则天应该在此伴青灯，读黄卷，听梵音，消磨余生。

但历史终究在此发生转折，她的人生迎来惊天逆转，中国的历史在此写下新的一页。

完成这个华丽的转身，在于武则天担当才人时，侍奉太宗左右，时太宗生病，太子李治进宫陪护。两人抬头不见低头见，暗生情愫。

这一感情的伏笔，为她日后走出寺庙再入皇宫打下了重要基础。晋王李治登基，史称高宗。先前的晋王妃王氏升级为皇后，但受宠的却是萧淑妃。加上王皇后膝下无子，而萧淑妃已经育有一子，王皇后恐地位不保，与萧淑妃的斗争日趋白热化。这时候，身居感业寺的武则天成为王皇后选中的一张牌。

贞观二十三年（649年）太宗驾崩，高宗披麻戴孝服丧，还专门到了感业寺进香。就在这个感业寺，李治再次见到了武则天。《资治通鉴》记载："上为太子也，入侍太宗，见才人武氏而悦之。太宗崩，武氏随众感业寺为尼。忌日，上诣行香，见之。武氏泣，上亦泣。"一个"悦"字，一个"泣"字，将李治与武则天之间的眉目传情描绘得淋漓尽致，也是李治为了这位红颜，不怕青史留下污名的动机所在。毕竟，娶自己父亲的妻妾，在封建意识浓厚的当时并不为世人所容，何况一言一行皆被史官记录的皇帝。

《全唐诗》里收录了武则天写的这样一首示爱诗：

看朱成碧思纷纷，憔悴支离为忆君。

不信比来长下泪，开箱验取石榴裙。

用今天的话翻译一下就是："对你思念纷纷，恍惚中竟将红色看成绿色。面容憔悴，神情迷离，都是为了你。如果你不相信我近来因思念你而流泪，那就开箱看看我石榴裙上的斑斑泪痕吧。"据传，该诗是写给唐高宗李治的，写于武则天出家感业寺期间。

有了感情基础，只欠一个东风。这时候，王皇后成为"神助攻"。王皇后得知了李治与武则天的私情，想以武则天作为枪，对付萧淑妃。

王皇后心里早打好了算盘，料武则天不过一个先皇侍妾，也断不会对自己这个堂堂皇后产生威胁。岂料得到自己最后也成了枪——武则天一进宫就被高宗李治专宠，拜为昭仪，王皇后和萧淑妃不过是武则天一步步上升的阶梯。

当时，李治的执政环境不容乐观，内忧外患。作为拥立自己成为太子乃至皇帝的长孙无忌、房玄龄、李勣、褚遂良等大臣在朝堂拥有绝对的话语权。身居帝位，自己的施政谋略难以实施。内有房遗爱、荆王元景谋反，外有突厥、吐蕃侵扰，高丽、契丹时而归顺时而反叛。这时候，自小看着父亲为官、进宫侍奉太宗左右，又经历了出家静思的武则天展现出"贤内助"的才能，每当有大事决断，武则天往往能引经据典，让高宗得到启迪。高宗得到了武则天的支持，自尊和自信增强了。而武则天也得到了高宗义无反顾的厚爱，以后的日子里，高宗力保武则天排除异己成为皇后。随着士族势力下降，庶族新贵崛起，长孙无忌遭李治及新贵们"构图"谋反，被流放黔州（今重庆），不久被逼上吊自杀。长孙无忌及其主要同盟者先后死去，标志着在隋唐两代兴盛多年的关陇贵族集团势力日渐衰微，在政治上由主导走向失势。

时势造英雄，这次的英雄，是女子武则天。在武则天的鼓动下，李治先是令人修改武氏家谱，把武士彟一家包装成名门显贵，尔后又罢了柳奭的宰相职务，再在李义府、许敬宗等新贵、老臣的帮助下，成功废黜王皇后，立武则天为皇后。颁发的立后诏书称：

> 武氏门著勋庸，地华缨黻，往以才行，选入后庭，誉重椒闱，德光兰掖。朕昔在储贰，特荷先慈，常得侍从，弗离朝

夕。宫壶之内，恒自饬躬；嫔嫱之间，未尝迕目。圣情鉴悉，每垂赏叹，遂以武氏赐朕，事同政君，可立为皇后。

诏书驳斥了大臣褚遂良、韩瑗等提出的武则天曾侍奉过先帝太宗的说法，为武则天正名。又引用了汉宣帝将自己身边宫女赐给太子的典故，针对性很强，起到了以正视听的效果。

至此，武则天完成了不可能完成的任务，实现惊天逆转，为以后的临朝垂帘听政，再到改唐为周等大事，打下了坚实基础。

女皇登位　成就传奇

武则天成为昭仪后，就有"牝鸡司晨"的说法在朝廷上下流传。特别是永徽五年（654年）加赠太宗时期蒋国忠公屈突通等十三名已故功臣的官衔时，广受议论，因为武则天父亲武士彠的名字赫然在列。有大臣认为，这是武则天为了给父亲追加官爵怂恿皇帝为之。但议论归议论，毕竟大多数旧臣获荫蔽，也激励了当朝现职官员，反而引起不少人对武则天的好评，认为她不忘功臣。

自此，武则天也更广泛参政议政，多以贤内助角色出谋划策，正向作用明显。永徽六年（655年），已经是宸妃的武则天著书《内训》，对女德、女容等加以规范。第二年，她还撰写了《外戚诫》一书，批判历代外戚擅权的弊端。对突厥的骚扰，武则天协助李治，采取恩威并重的方法，维护领土完整。她还与李治推行重视节俭，奖励农桑，廉洁利人，爱抚百姓，关心将领，消除边患等策略。如在安边政策方面，高宗和武则天，成为太宗"叛则讨之，降则抚之"政策的继承者。对内，武则天协助高宗广揽人才。显庆元年（656年），朝廷颁布了《令州县举人诏》，曰：

> 宜令河南、河北、江淮以南州县，或纬俗之英，声驰管乐；或济时之器，价轶萧张；学可帝师，材堪栋辅者，必当任之不次。可明加采访，务尽才杰，州县以礼发遣。

在武则天被册立为皇后以后，虽然士族、庶族斗争日趋白热化，高丽、西突厥叛乱侵扰日盛，但国家还在正常运转，安边的战事也进展顺利，政令能够得到执行，国力逐渐增强，这与高宗勤于政务、武皇后策划辅佐，选贤任能，严明赏罚是分不开的。

在武则天被册立为皇后的三天后，"挺武派"中的坚定人物许敬宗在武皇后的授意下上疏皇帝，请求改立太子。大势所在，水到渠成，很快，高宗就下旨废掉了太子李忠，改封他为梁王，让他去担任梁州都督，并即刻离开长安赴任。年仅三岁的代王李弘正式被册立为大唐新太子。看着自己的儿子成了太子，武皇后的心方稍微平定。

武则天接下来要做的就是改组朝臣，这与李治的想法不谋而合。当时的权相集团成员共有六人，在"易后事件"中反对最为激烈的褚遂良早被贬黜，公开上疏反对"易后"的另两位宰相韩瑗和来济没多久就被贬到边陲。长孙无忌被污"谋反"，抄家灭族，最后自杀。还有一个在

"易后"中没有明确表态的宰相于志宁也被黜，六个宰相只剩一个，不足为虑。在这场清洗中，先皇太宗留下的朝廷班底被彻底洗牌，建立了永徽朝廷新次序，皇权得到了空前的提高，但同时，武则天权力日增，在群臣间的话语权增加，"挺武派"填充到了新的朝廷班底，夯实了她以后改唐为周的人脉基础。

对此，李治也有防范，把"守成"作为毕生努力的皇帝，他怕吕后专权在当世上演。《新唐书·上官仪传》中曾记载："初，武后得志，遂牵制帝，专威福，帝不能制。"李治召上官仪商议此事。"仪曰：'皇后专恣，海内失望，宜废之以顺人心。'帝使草诏，左右奔告后，后自申诉，帝乃悔。"可见，武则天为皇后以后，确实有越位嫌疑。但李治刚一动废武则天之心，很快就有人传信给她。眼线已经布满了李治四周。没过多久，武则天授意许敬宗等编织罪名，以谋反罪名将上官仪及其子上官庭芝处死。

此后，高宗反而对武则天更加信任，高宗处理军国大事，竟让皇后垂帘于后，宫女侍立左右，凡大臣奏章皆多及时裁决，朝堂上下肃然。《资治通鉴》记载："自是上每视事，则后垂帘于后，政无大小，皆与闻之。天下大权，悉归中宫，黜陟杀生，决于其口，天子拱手而已，中外谓之二圣。"从此以后，朝廷的一举一动、一言一行都在武则天的掌握之中。帝后共同临朝掌政，人们就把他们合称"二圣"。

武则天的精明，在于功高而不震主，赢得高宗信赖；权重而不凌下，使多数大臣悦服；善善能用，恶恶能黜，使百姓欢心。她吸收魏徵"兼听则明，偏听则暗"的观点，善于将自己所谋变为群臣的想法，使她在历史进程中，得以居于有利地位。在推进改革时，先正视听，常使可能变为现实。

李治虽有延续贞观之治的雄心，奈何体弱多病。后来身体每况愈下，"时时令后决之，常称旨，由是参与国政……而高宗春秋高，苦疾，后益用事，遂不能制"（《新唐书·则天武后》）。这时，武则天基本掌握了帝国实权。

674年秋，高宗李治封自己为天皇，尊皇后武则天为天后，想通过改元来"冲喜"，让身体好转。但事与愿违，李治身体每况愈下。675年春天，高宗病情加重，头晕目眩，浑身疼痛，无法上朝。

随着高宗李治的病情加重，有人动议由武后摄政，在朝堂引起争议。很多大臣不买武则天的账："时诸武用事，唐宗室人人自危，众心愤惋。"（《资治通鉴·唐则天后光宅元年》）公元684年，武则天废中宗，立睿宗，"自是太后常御紫宸殿，施惨紫帐以视朝"。又进行了一番犒赏，武承嗣等武氏家族人员，全面上位至帝国要害部门。武则天这一举措，也使得不少封疆大吏逆反和不满。"于是柳州司马李敬业、括苍令唐之奇、临海丞骆宾王疾太后胁逐天子，不胜愤，乃募兵杀扬州大都督府长史陈敬之，据州欲迎庐陵王，众至十万。"（《新唐书》卷七十六）起兵讨武则天。

李敬业是唐睿宗时反太后武则天临朝称制而起事的领导者。骆宾王的千古檄文《为李敬业讨武曌檄》也由此横空出世。据说，武则天接到檄文，反而问，这文章谁写的，得知是出自骆宾王之手，武则天说："宰相之过也，人有如此才，而使之流落不偶乎！"（《资治通鉴》卷二〇三）对檄文中的谩骂污蔑，武则天付之一笑，反而叹息骆宾王有才能，但是没有得到录用，可见武则天胸怀非一般人。

在各路大军的讨伐下,"敬业兴三月败,传首东都,三州平"(《新唐书》卷七十六)。

676年四月,武则天成功摄政,十二月,改元仪凤,布施大赦天下。

剩下的就是一步登天。但这一步,需要一个由头。于是,她的侄子武承嗣登场了。垂拱四年(688年)四月,武承嗣密命人去找了一块白色石头来,在上面凿了八个字,"圣母神皇,永昌帝业"(《旧唐书》卷六十七《李敬业传》),自古改朝换代,都借着天降祥瑞的旗号,武则天深谙其道,也明白石头哪里来的,顺水推舟称之为"宝图",自加尊号为"圣母神皇"。武则天紧接着要在巍峨的明堂里接受群臣的朝贺,命诸州都督、刺史及李唐宗室、外戚成员于十二月齐聚神都洛阳。这道命令让李唐宗室成员惶恐不安,生怕被一网打尽。于是李唐宗室成员坐不住了,唐高祖第十一子韩王李元嘉便秘密联络李唐宗室成员,共谋"举兵唱天下,迎还中宗"。可惜实力与武则天相差甚远,计划还没准备充分就被告密,匆忙间草草举兵,很快被镇压下去。最后的结局是,

武则天画像

"唐之宗室，于是殆尽矣"（《资治通鉴》卷二〇四）。

实际掌权跟自立为皇尽管只有"皇后""皇帝"一字之差，但却差着十万八千里。放在整个中国封建社会，让一个女人当皇帝基本是天方夜谭。只靠一块白石，武则天还是堵不住悠悠众口，也难以让大家信服。

正在武则天为自己怎样才能顺理成章地登上帝位而费尽心思之际，白马寺住持薛怀义和东魏国寺和尚法明，终于在一部佛经里面找到了女人称王的理论依据。

这部佛经名为《大方等无想经》，又名《大云经》，其中卷四《大云初分如来涅槃健度第三十六》中讲了一个天女净光的故事。据说这位天女净光前生是国王的夫人，后来转世变为菩萨，菩萨又转生为一个女人来统治了一个国家，再后来这个女人转化为"佛"。其中有这样一段话："佛告净光天女言，天女将化菩萨，即以女身当王国土。"《大云经》的出现使武则天眼睛一亮，她对"以女身当王国土"这句话最感兴趣，然而《大云经》写得很是艰涩隐晦，普通人不容易读懂。于是武则天就叫薛怀义等人立即翻译这部佛经，没多久《大云经》的普及版《大云经疏》便出笼了。《大云经疏》把当时的弥勒佛崇拜和净光天女的故事结合了起来，说弥勒未来佛下凡为了女身，就是当今的皇太后，皇太后是来取代大唐皇帝成为天下之主。这是佛的意志，普天之人不能违背。

武则天此时志得意满，立即将《大云经疏》颁布天下，并要各州建大云寺一座，寺内各藏《大云经》一部，然后各寺由高僧开坛讲经，一时间《大云经》的理论思想传遍大江南北，"女主将王天下"的舆论鼎沸朝野。

当然，熟谙历史掌故的武则天知道，当皇帝大事要成定局，还需要最后一把火。这把火,就是民心。于是,全国上下发起了多次大规模的请愿活动,活动的中心内容就是请求武则天"女主天下"当皇帝。此时的皇帝李旦也站了出来,加入到了请愿的行列中来。李旦上表请求母亲皇太后当皇帝,自己请求降为"皇嗣",并请母亲赐"武"姓。

于是,武则天心安理得地站出来了,她坚定地望着儿子李旦和满朝的请愿百官,轻轻地说了句石破天惊的话语:"俞哉!此亦天授!"(《全唐文》卷二〇九)

于是,中国历史上唯一的女皇帝诞生。她十四岁进入到唐王朝的宫廷做才人,二十一岁出宫当尼姑,二十四岁再度入宫为昭仪,二十六岁当皇后,五十五岁成了皇太后,如今她已经是六十七岁的祖母了,她自名为"曌",改元"天授",正式代"唐"为"周",定都洛阳,称"大周圣神皇帝"。武则天终于君临天下。

女皇施政 奠基开元

武则天晚年,没有走出帝王求生心切的窠臼,她的重心已不在政事,关心的是如何享乐,如何长生不老。神龙元年(705年),宰相张柬之等人联合发动政变,武则天退位,同年十二月去世,遗诏"去帝号,称则天大圣皇后"(《旧唐书》卷六《则天皇后纪》)。

不管是李治时期的辅政,还是武周年代的治世,武则天在历史上的施政举措可圈可点。

上元元年（674年），武则天提出"建言十二事"，主要内容有务本戒奢、杜绝谗言、维护新官僚集团利益等。掌权及称帝后奖励农桑，轻徭薄赋，兴修水利工程，禁止买卖世业田和口分田，撰《臣轨》强调重农抑商，主编农书《兆人本业记》，据《唐会要》记载，在武则天当政前后的半个世纪中，人口由380万户增长到615万户。

稳定边疆，畅通丝路。李治时期的唐朝，并不太平，特别是外患居多，辽东、西域乃至漠南地区战事频发，丝路贸易大受影响。661年，一度宁静的西北再起波澜。回纥酋长婆闰死后，他的侄子比粟毒，策动同罗、仆固两部侵略唐边境。十月，朝廷命左武卫大将军郑仁泰为铁勒道行军大总管，燕然都护刘审礼、左武卫将军薛仁贵为副将率兵征讨，终击溃敌军。663年，迁燕然都护府于回纥，更为瀚海都护府；又迁瀚海都护府于云中古城，更名为云中都护府。西域的安定，对于内地与西域的贸易，十分有益。

681年，在青海西州与吐蕃大战中被俘的唐将领王孝杰，于692年被武则天起用为鹰扬大将军，带兵讨伐一再犯边的吐蕃大军。王孝杰不负所托，数月之间，连克龟兹、于阗、疏勒、碎叶等四镇，至此，失去多年的安西四镇重新回到唐帝国怀抱。唐帝国对西域再次给予农业、水利、纺织、冶炼等方面的开发与支援，与铁勒、突骑施、回纥、吐火罗、安息、罗马、昭武九姓国等国家的皮毛、丝绸、玻璃等物产交易又重新开始。有力维护了国家主权和版图完整，使中原通往中亚的"丝绸之路"重新畅通，武则天创造的新字在敦煌、高昌等地都得以推行。

尽管武则天在王孝杰之后，在选派战将上多有失误，但因为总体上善于识人用人，内政起用郭元振、狄仁杰、张柬之等人，为帝国的政治稳定、经济发展等，提供了有力且长效的支撑。在对外作战和稳定边疆方面，起用张仁愿、唐休璟、刘仁轨等人，彻底扭转了屡吃败仗的尴尬局面。交给李显及至后来的唐玄宗李隆基的，大抵还是一个欣欣向荣的帝国。换言之，从李治和武则天的夫妻政治到武则天改唐为周，看起来乱象纷纭，但武则天整体上还是以帝国为重的。

重视人才，文化昌盛。武则天重视人才选拔，被称之为"试用之官"的"试官"成为一种制度。且文武并重，"独创武举"，"诏天下诸州宣教武艺"，我国科举制度中"武举"或"武科"由此正式出台。由于武则天广揽人才，一大批中小地主进入封建统治集团，夯实了推行法家路线的阶级基础。正是因为武则天不拘一格任用贤才，所以出现了"旧时王谢堂前燕，飞入寻常百姓家"的现象。历史上较有影响的狄仁杰、魏元忠、姚崇、张柬之、宋璟、张说等，都是武则天重用的人才。

武则天本人兼涉文史，文学、书法造诣较深。《全唐诗》存武则天诗四十六首，《全唐诗续补》补诗三首，诗序一首。武则天曾召文学之士周思茂、范履冰编纂《玄览》《字海》《乐书要录》等，撰有《垂拱集》一百卷（俱佚）。武则天时期，出现了富嘉谟、陈子昂、沈佺期、宋之问等著述影响深远的文学家，出现了第一篇结构完善的传奇小说，即张行成的《游仙窟》；出现了我国第一部史学理论著作，即刘知幾的《史通》；编辑了第一部国家药典《新修本草》；编纂了世界上第一部大百科性质的《文馆词林》。在该时期，儒、释、道"三教"融合，雕塑、书法、绘画、音乐、舞蹈艺术均有很大发展。

武则天执政时代，奠定了坚实的物质基础、积累了丰富的人才储备，唐玄宗时期的一批政治家、军事家、文学家、诗人，大都是武则天统治时期的人才。武则天推行的政策总体而言有利于社会进步和发展，其时代是继"贞观"之后，"开元"之前，中国封建社会继续向前发展的时代。从政治角度评价，武则天政绩赫然，堪称有作为的一代明君。

无字碑前，毁誉交织。武则天《遗制》记载，"祔庙、归陵，去帝号，称则天大圣皇后。其王、萧二族及褚遂良、韩瑗、柳奭子孙亲属当时缘累者，咸令复业"（《旧唐书》卷六《则天皇后纪》）。这说明，经过了风云沉浮，武则天最终还是把自己归位为高宗李治的皇后，去掉了皇帝号。根据她的遗训，中宗李显尊她为"大唐则天大圣皇后"，决定将母后和父皇合葬乾陵。706年，武则天祔葬乾陵，长随高宗于冥宫。高宗死后，乾陵的朱雀门外，司马道西侧竖有一块高大的石碑，碑文开头即称"述圣记"，应是帝陵空前绝后之作，为武则天所制，嗣皇帝李显所书。武则天归葬后，司马道东侧竖起了一块高大的石碑，碑上并无一字，人称"无字碑"，为李显及臣子为武则天所立。

功过自在历史的演进脉络中，无言或是有言，已不是那么重要。

而今，我们站在皇泽寺前，面朝嘉陵江，慨叹历史风云变幻，仿佛仍可依稀看到，一个女子，正穿越时空迷雾向我们走来，果敢坚忍，浑身散发着独特异彩。她，便是中国历史上独一无二的女皇帝，勇于挑战命运、挑战封建男权皇统，重农桑，薄徭赋，发展科举，广开言路，为"开元盛世"奠定了坚实基础的武周女皇，李唐一代最杰出的女性政治家武则天。

（张立东　撰稿）

历史评价

武则天作为中国历史上唯一的女皇帝，历代名人对其评价颇多，总体上持肯定态度。

《资治通鉴》评价其"政由己出，明察善断，故当时英贤亦竞为之用"。《旧唐书》评价其"飞语辩元忠之罪，善言慰仁杰之心。尊时宪而抑幸臣，听忠言而诛酷吏"。

陈子昂评价其"进用不疑，求访无倦，非但人得荐士，亦得自举其才。所荐必行，所举则试，以至当代谓知人之明，累朝赖多士之用"。

宋庆龄评价其"是中国历史上唯一的女皇帝，封建时代杰出的女政治家"。

郭沫若评价其"政启开元，治宏贞观"。历史学家范文澜评价"武则天是一位刚强机智的政治家。贞观时期取得的成就——统一和强盛，在武则天统治的半个世纪里，得到了切实的巩固，这是她对历史的贡献。武则天当政造成历时半个世纪强有力的专制统治，对国家统一的进一步巩固和社会安宁的长期保持，是有贡献的"。

毛泽东评价其"确实是个治国之才，她既有容人之量，又有识人之智，还有用人之术"。还就无字碑发表见解，"武则天有自知之明，她不让在她的墓碑上刻字。有人分析其本意是功德无量，书不胜书。其实，那是武则天认识到，一个人的功过是非，不应自己吹，还是由后人去评论"。

江潭感孕

武则天父亲武士彟与夫人杨氏参加利州龙舟盛会，官船行至黑龙潭（皇泽寺附近）时，乌云笼罩江面，江中乌龙飞跃扑进官船，杨氏骇倒在船上，片刻后乌龙冲出官船，同时一只凤凰也伴着彩霞飞来，在官船上空翱翔长鸣，杨氏回府后怀孕，次年生下武则天。

天罡相面

最早有关武则天出生广元的文献见于《大唐新语》所载，"袁天罡，益州人，尤精相术。贞观初，敕召赴京，途经利州，时武士彟为节度使……武则天时衣男子服，乳母抱出，天罡大惊曰：龙睛凤颈，贵之极也。转侧视之，若是女，当为天子"。

洛阳牡丹

传说武则天隆冬饮酒作诗"明朝游上苑，火急报春知。花须连夜发，莫待晓风吹"。百花慑于此命，一夜之间绽开齐放，唯有牡丹抗旨不开。武则天遂将牡丹贬至洛阳。刚强不屈的牡丹一到洛阳怒放，武后下令火烧，但到第二年春，牡丹反而开得更盛。这种"焦骨牡丹"后人起名"洛阳红"。

则天造字

武则天当皇帝时，曾造过十九个字，其中广为人知的是"曌"字。广东罗定市苹塘镇附近有一方唐代摩崖石刻《龙龛岩道场铭并序》，全文共有四十一行，共一千二百三十八字，其中有十五个字为武则天所创造。

李白：生命的困顿与灵魂的飞翔

李白（701年—762年）

唐代诗人，字太白，号青莲居士。少年即显露才华，出入蜀中名山，晚年漂泊困苦，卒于当涂。李白是一个站在时代顶峰的诗人，其诗风雄奇豪放，想象丰富，语言流转自然，音律和谐多变，是屈原以来最具个性特色和浪漫精神的诗人，被誉称"诗仙"。

李白主要行迹

出生于蜀

回到1300余年前，来到唐朝。在江油青莲的一处房舍里，一个四十岁左右的妇人夜间做了一个奇怪的梦，太白金星闪耀着长长的光芒，从天上直奔而下，径直闯入腹中。她猛然惊醒，腹中的胎儿似乎急于来到这个世界，不安地躁动着。她抚摸着这个小生命，望着渐渐发白的黎明天空中的星辰发呆——太白星又叫启明星，在无法记时与定位的年代里，人们以星辰为记。李白，这一名字的由来与母亲那个离奇的梦境有关。

李白一家居住的房舍后，有连绵起伏的丘陵。这些丘陵中，有一座名为天宝山。天宝山下有太白的妹妹李月圆曾经居住的粉竹楼遗址、李月圆墓，还有清代修建的陇西院。2001年，江油市在天宝山上修建了太白碑林和太白楼。从此，天宝山与李白的名字与诗歌便联系在一起。

与天宝山相连的丘陵，是四川盆地与龙门山脉之间的过渡地带。在它的前面，是蜀中的坝子，人们称之为江彰平原。这些坝子的外面就是更大的成都平原。而在它之后壁立的一抹青黛，是龙门山脉的崇山峻岭，慢慢爬高，通向世界屋脊青藏高原。龙门山是这些犬牙交错的山峰的总称，它们究竟有多少山峰，只有流云与飞鸟知道。"樵夫与耕者，出入画屏中。"太白后来这样描绘家乡的窦圌山。"山从人面起，云傍马头生"一点也没有夸张的成分。因此，可以认为，整个龙门山脉既是成都平原的一道画屏，更是四川盆地通向青藏高原的层层天梯，雪峰与苍翠便横卧在云天之下。

地以人名，山以英秀。青莲和天宝，是值得记录的地方，像莎士比亚与斯特拉福德、托尔斯泰与波良纳一样。青莲是李白的故乡。

李白幼年时聪慧过人。"五岁诵六甲，十岁观百家。"父亲是他的老师，耕田之余督教儿子读书。"余小时，大人令诵《子虚赋》，私心慕之。"其父赞扬司马相如，使太白立下了要赶超司马相如的决心。

在青莲有太多关于李白的传说。传说李白小时候放牛，至今仍有放牛坪。还有一说，李白诗镇石牛。传说青莲镇有一条沟名为石牛沟，这里出了一头石牛，每天晚上出来践踏庄稼，百姓深以为害，但又莫可奈何。年少的李白为此赋诗一首："此石巍巍活像牛，埋葬是地数千秋。风吹遍体无毛动，雨打浑身有汗流。芳草齐眉难入口，牧童扳角不回头。自来鼻上无绳索，天地为栏夜不收。"或许，李白是石牛的知音吧，李白的一首诗居然将石牛镇住，再也不出来危害庄稼了。而这头石牛居然就真的存在，经专家鉴定，其雕塑风格就是隋唐时期的。现存江油市李白纪念馆，为国家一级文物。

最为励志的是铁杵磨针的传说。有一天，好玩的小太白沿溪边玩耍，见一位老太太正在吃力地磨着一根铁杵，便问老人家磨铁杵干什么。老太太回答："磨针。"小太白惊问："这样粗壮的铁杵怎么能磨成针？"老太太说："只要功夫深，铁杵磨成针。"

小太白似有所悟，他不断重复着老人的话："只要功夫深，铁杵磨成针……"

常人只见李白的天才，以为他"斗酒诗百篇"，终日狂歌滥饮，夸大了酒的作用，而忽视了他的勤奋，这是对李白的一大误解。单就清代王琦集纳的李白诗词就达九百多首，而大量的诗词"十丧其九"，足见李白诗歌创作的庞大数量。

"常横经籍书，制作不倦。"足见李白的苦读。而从其写诗中的使典用事，则更足见其学养。这就不能不提到太白的老师赵蕤。赵蕤，盐亭人，先氏为文翁嫡传弟子，是蜀中的文化人。赵蕤不但有经世之才，也有卜、医之术。

"赵蕤术数，李白文章。"师生二人，当时就被世人称道。有人称赵蕤为谋略思想家，其谋略非一般之略，而是王霸权谋。

青年李白不但跟随老师学习宏图霸业之术，还以家乡为中心游历。他游览了窦圌山，写了"樵夫与耕者，出入画屏中"。他访戴天山道士不遇，青年的心中并无失望，因为他看到了万物的欣欣向荣：

犬吠水声中，桃花带露浓。

树深时见鹿，溪午不闻钟。

野竹分青霭，飞泉挂碧峰。

> 无人知所去，愁倚两三松。

　　《访戴天山道士不遇》是李白二十岁以前的作品。根据清代黄锡珪《李太白年谱》，李白在十八九岁时，曾在大匡山（即诗题中的戴天山）大明寺中读书，这首诗就是当时所作。

　　蜀中是道教的发祥地。而唐时尊道教为国教，故道风尤炽。戴天山、窦圌山一带皆有庙宇道观，故李白常去寻访道士。李白之父既"高卧云林，不求禄仕"，可能亦是对道教感兴趣的人。

　　蜀山蜀水不但养育了李白，也给了他经世之道和道家思想两种学养，奠定了取仕与学道的两条人生道路。

　　开元九年（721年），著名文士苏颋出任益州（今成都及其附近地区）长史，李白大胆自荐并呈上诗作，深受其赏识。苏颋评价他："此子天才英丽，下笔不休，虽风力未成，且见专车之骨，若广之以学，可以相如比肩也。"正是因为苏颋的赏识，给了年轻的李白极大的信心，正如学者詹锳所言："设太白不经苏颋之赏，或将终其身不出夔门，蛰居蜀地，度其豪奢生活而未必能以诗鸣。经颋之鼓励，太白方自觉为可造之才，而志气益加恢廓。"

　　青年李白将带着蜀人的性格与思想，开始走向更加广阔的天地。

仗剑去国

　　离开家乡，李白首先游览了成都，到他最敬重的司马相如的故地

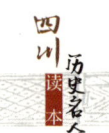

拜访。他一定想起了相如和文君的故事，对心中的美人也有按捺不住的憧憬，他想象美好的爱情应是"古来得意不相负"。他对相如的词赋才情是倾倒的，对"丈夫好新多异心"是谴责的，对青陵台边战国时韩凭与妻子生死相许的爱情是大加赞叹的，他将这些感悟统统融汇成了诗作《白头吟》。

开元八年（720年）春初，太白登上成都散花楼，写下了《登锦城散花楼》：

> 日照锦城头，朝光散花楼。
> 金窗夹绣户，珠箔悬银钩。
> 飞梯绿云中，极目散我忧。
> 暮雨向三峡，春江绕双流。
> 今来一登望，如上九天游。

此诗通过对所见景物的描绘，抒发了登楼的愉悦之情。全诗以时间为主轴展开描述，从朝光到暮雨，向四周扩散，东到长江三峡，南至双流县城，形象鲜明，意境飘逸，虽属年少之作，但已经显示了李白的诗歌天才，诗仙大手笔已见端倪。

离开峨眉山沿平羌江而下，过清溪直奔三峡，半轮明月陪伴着离乡的太白。《峨眉山月歌》记录了他的行程和心迹。

在九江，他弃船而上，到了庐山，秀美的山川总是让太白感到心旷神怡，"而我乐名山，对之心益闲"。他在庐山东南五老峰一览九江秀色。这种巢云卧松的日子是非常惬意的，让他产生隐居五老峰的念想。

而香炉峰的瀑布给他留下深刻印象,"飞流直下三千尺,疑是银河落九天"。夸张的诗句尽现李白对初见的奇山异水的惊喜之情。

山川大地如铺展的画卷,任太白挥洒成熟的诗歌才情,他开始了一生不绝的行走与从未停歇的诗歌吟唱。

然后他游历金陵(今江苏南京)。金陵是太白最喜欢的地方,曾多次来游。清晨他登上金陵的最高处——高二百四十尺的瓦官阁。"极眺金陵城",将虎踞龙盘的钟山、汇入长江的淮水尽收眼底。楼的四周,法鼓雷动,仙乐齐鸣。他看到的金陵,"山空霸气灭,地古寒阴生"。他在金陵住了大半年时间,之后又多次故地重游。

到了第二年春天"风吹柳花满店香"的时节,李白已经结识了一些本地的朋友,他开始融入当地。故在他要离开金陵继续漫游时,有"金陵子弟来相送"。他们在酒楼设宴送别,"吴姬压酒唤客尝"。这种酒度数很低,故"斗酒"不醉。

然后到达广陵(今江苏扬州),他就病倒了。客病他乡,思乡之情在所难免,于是他给老师赵蕤写信寄诗;又在某个卧床看月光的夜晚,想起故乡来。青年游子在孤凄的夜晚,洒下了思乡的泪水。

太白开始交朋结友,不逾一年,散金三十余万,见落魄公子,即慷慨解囊。他尽情挥洒青春的豪气,并没有为将来

秋夜客居异乡(张大明 摄)

的生活计虑。

太白在病好后继续出发，沿运河经苏州至杭州，沿剡溪至沃洲湖，望天姥山，抵天台山，眺望东海。这是太白"东涉溟海"的泛游，他最想看的是云梦泽，因"乡人相如大夸云梦之事，云楚有七泽，遂来观焉"。他用青年新奇的眼睛观看一个未知的世界，尽管这个世界已经很古老。一代代的人不就是这样，用自己新生的亮眼打量新奇的事物吗？所以，太白的行走，也是青年人最向往的游历。他的生活和诗篇都是青春的，他将永远激励着那些对世界满怀豪情的人们出外行走，去寻找远方，发现诗意。

所以，望见海边后，李白折返沿长江而上，游览了梦中的楚泽，然后来到湖北安陆。

安陆十年

"酒隐安陆，蹉跎十年。"

许是宿缘，高宗时宰相许圉师的家眷寓居于安陆，许家人认可这个外来的青年才俊，那年冬天，许圉师招李白为孙女婿。太白当时一定是满心欢喜的。他有了自己的新家，憩迹于此，不再漂泊。

成家后，明月奴出世。为家庭生计，李白此时也做一点小生意，闲时就作诗交友，"混迹渔商，隐不绝俗"。

这期间，发生了诽谤太白的事情，于是他写了《上安州李长史书》，希望洗去不白之冤。

这时的李白，是诚恳谦逊的，他也想通过向地方官吏自荐的方式谋得提携举荐。他在《上安州李长史书》中写道："白孤剑谁托，悲歌自怜。迫于凄惶，席不暇暖。寄绝国而何仰？若浮云而无依。"在那个年代，一个外来人口，又无兄弟，在当地难免势单力薄，无所依持，难有仰仗，亦是世道人情。此书后附自己的诗作，一首十韵，另一首八韵，还一首三十韵，谦言"辞旨狂野"，"幸乞详览"。意思是把自己的诗作上呈李长史，望其能斧正，了解自己的才华。但这些诗作如泥牛入海，了无消息。

开元二十二年（734年），善于延揽人才的韩朝宗为荆州长史，他又上书韩朝宗，坦陈心迹，希望韩朝宗赏识，表示要尽心于韩朝宗。太白戴着高高的帽子，腰间佩带雄剑，经过一番精心打扮，来到韩朝宗面前，深深地作揖长拜，甚为恭敬。韩朝宗见其不凡，特备酒宴款待。"白误拜，韩让之，白曰：酒以成礼。荆州大悦。"

酒也喝了，延揽的事情没有下文。这韩朝宗大约是深谙官场款曲的，外表随和，对人可亲，内心精明得很，怕日后这个有时要犯傻的角儿给自己带来麻烦，经过一番权衡，也就不予答复。

壮年的时光在等待中消磨，太白的幽愤无处叙说。再上书安州裴长史，"剖心析肝""一快愤懑"。因为"白窃慕高义，已经十年，云山间之，造谒无路"。

在此期间，他与道士司马承祯、胡紫阳等相往来，与元丹丘、岑勋等成了好友，经常相邀在河南、湖北等地旅游。太白也南下广陵、苏州、杭州，写下大量的诗篇。

太白还结识了诗人孟浩然。孟浩然是李白同气相投的朋友，比杜甫更与之心契，故写给孟夫子的诗更动情，"吾爱孟夫子，风流天下闻"。为什么爱呢？"红颜弃轩冕，白首卧松云。醉月频中圣，迷花不事君。"孟浩然与太白，是精神上的同道。

蹉跎十年，求告无门，功业无成，夫人许氏又病逝了。经历了家庭变故，太白心情郁闷，遂爱上了酒，四处游历，先游江夏（今湖北武汉），再游山东，并应友人元丹丘之邀举家迁往山东。

他与孔巢父、韩准、裴政、张叔明、陶沔居在徂徕山下的竹溪隐居，世人称他们为"竹溪六逸"。

太白经历安陆变故后，性情大变，纵酒酣歌，醉后每多题咏，诗酒名声传遍江湖。在山东期间，他游览了东鲁各地以及泰山。

侍奉君王

命运之箭，鬼使神差。李白还真的一步干谒，被皇上召见了。

天宝元年（742年），李白奉诏入京。从李白的奉诏侍赋之作看，"援笔成文，婉丽精切，无留思"。他竭力用自己的才华侍奉玄宗，"帝爱其才"。李白对杨贵妃也多奉迎，言辞华丽，"一枝红艳露凝香，云雨巫山枉断肠。借问汉宫谁得似，可怜飞燕倚新妆"。把杨贵妃比作赵飞燕，本意是想讨好的，日后却成了高力士挑拨的话柄。

玄宗与李白的关系有一段蜜月期，李阳冰《草堂集序》载："天宝中，皇祖下诏，征就金马，降辇步迎，如见绮、皓。以七宝床赐食，御手调羹以饭之，谓曰：卿是布衣，名为朕知，非素蓄道义，何以及此？置于金銮殿，出入翰林中，问以国政，潜草诏诰，人无知者。"

他也目睹了百官上朝的情景，见过了大世面。《鼓吹入朝曲》虽写的是"金陵""吴京"，但句句皆是写实："金陵控海浦，渌水带吴京。铙歌列骑吹，飒沓引公卿。槌钟速严妆，伐鼓启重城。天子凭玉几，剑履若云行。日出照万户，簪裾烂明星。朝罢沐浴闲，遨游阆风亭。济济双阙下，欢娱乐恩荣。"

据北宋乐史《李翰林别集序》的记载，春光四月，兴庆池东沉香亭前的牡丹开了。此牡丹是从洛阳移入长安（今陕西西安）的。有红色、紫色、浅红、通白四色，分外娇艳。玄宗兴致高涨，夜晚赏花，杨贵妃随从。玄宗对熟悉的旧乐辞不感兴趣，他意气风发，赏名花，对妃子，还用旧乐辞吗？当李白的乐辞送达，梨园弟子调抚丝竹，龟年便唱，而贵妃一边用名贵的酒杯酌葡萄酒，一边微笑着欣赏。玄宗吹玉笛，夫妇之间，琴瑟和鸣。太白的乐辞柔媚婉丽，对贵妃与名花极尽溢美之词。皇帝与贵妃在歌声中两相沉醉，默契于心，情深意笃。歌毕，贵妃整敛绣巾，重重跪谢隆恩。那个春风沉醉的夜晚，李白的艳词，配合着君王的深情，留在夫妇二人

（南宋）梁楷《太白行吟图》

的内心深处。

由此，每逢侍宴或出行，皇帝即召之，"由是朝廷作歌数百篇"。那时李白是春风得意的。皇上的看重，更使其"名动京师"。豪门俊杰争相宴请李白，与之结交。

当时大唐虽为大国，但边疆一直不太安宁，北有安禄山镇守，玄宗极力笼络之。西有突厥、回鹘、吐蕃，多生冲突；南方海患不断，小规模战事时有发生，这些均是朝廷心腹之患，王室公主也被迫和亲。当某个半醉的时刻，皇上令李白草拟圣旨《出师诏》时，李白未打草稿，一挥而就，更是受到玄宗的器重，许诺他做中书舍人。

这是李白丰富的学养，特别是老师赵蕤教授的经世之学在关键时刻发挥了作用。如果他只是一个奉诏写辞的普通文人，绝不会受到国君的如此器重。此时皇上一定觉得，他的能力已经超越了吟诗作赋的范畴，定是一个定国安邦的能臣。

人生转折

然而，李白却毫无官场经验，只是正处于踌躇满志之中，从《赠从弟南平太守之遥其一》诗中，足见宫殿给他留下的印象：

> 汉家天子驰驷马，赤军蜀道迎相如。
> 天门九重谒圣人，龙颜一解四海春。

彤庭左右呼万岁，拜贺明主收沉沦。

翰林秉笔回英眄，麟阁峥嵘谁可见？

承恩初入银台门，著书独在金銮殿。

龙驹雕镫白玉鞍，象床绮食黄金盘。

当时笑我微贱者，却来请谒为交欢。

从此诗可见，皇宫覆盖了太白的记忆，置身其中的他，是何等的渺小。仰视着高贵的朝廷，他看到了世人来为之交欢，却没有意识到自身处境的艰危。此时的李白年龄虽已过四十，却如同懵懂少年，冒冒失失地置身于大唐帝国的中枢。

《旧唐书》记载："帝颇嘉之。尝沉醉殿上，引足令高力士脱靴，由是斥去。"在"侍帝"之余，忙于应酬，依旧酒觞不止——"不自修"。他居然当众让高力士脱靴，这就犯了大忌，埋下祸根。可以想见，当时高力士内心是多么不屑，又是多么违心地躬下身，为一个醉酒的狂徒脱下靴子。《新唐书》云："帝欲官白，妃辄沮止。白自知不为亲近所容，益骜放不自修，与知章、李适之、汝阳王进、崔宗之、苏晋、张旭、焦遂为'酒八仙人'。恳求还山，帝赐金放还。"李白在反复权衡之后选择了放弃。离开京城时，他那复杂的心境实难以为外人道。

范传正指出太白为何选择离开："公以为千钧之弩，一发不中，则当摧撞折牙而永息机用，安能效碌碌者苏而复上哉！脱屣轩冕，释羁缰锁，因肆情性，大放宇宙间。"

这是太白深思熟虑之后的选择。他选择了放荡形骸、览意纵情的生活方式，不愿再过"摧眉折腰事权贵"的日子。如果继续把文学才华浪费在奉诏应制上,那么,李白的名声也许比李龟年高不了多少,倒是跌宕起伏的命运最终催生了大诗人。

即使给个闲官,李白也是绝不苟且的,他注定会离开朝廷,因为他有一颗难以拘囿的心,这是道家植入生命的另一道文化符咒。它总会在失意时开启运行模式,成为中国文人的精神飞翔之翼。

从另一个方面看,奉诏的诗人并非真正的诗人,如果诗歌流淌的不是发自内心的声音,读者最终会远离这样的诗歌。诗歌像空气或雨露,它只能出没于民间,流淌在大地。"帝师"与"诗人"这两顶桂冠,李白一直心仪于前者,他并未清醒地看清自己的禀赋以及与禀赋相匹配的极端性格,注定了只能是诗人的命运。

"禄位拘常人,横海鲲,负天鹏,岂池笼荣之?"魏颢真是李白的知音。李白向往禄位,并非为一己之私利,而是欲借此实现济天下的宏愿。禄位拘常人,岂能拘太白?学道访名山,诗酒会朋友,从此李白开始了适性任情的另一种人生。

十载客梁园

十载客梁园,李白生命的重心由从政转向学道。这十年间,因为子女在邹鲁,而山东也是道教中心,李白以山东为中心开始第二次漫游。

此时,李白更嗜酒。从饮酒赋诗转变为借酒狂欢,并以酒助推个性的高蹈张扬。他的生命之舞,依然鼓点强劲,要借酒这个水形火心的魔物煮沸血液，点亮身心，催发诗性。《将进酒》正是在一腔愤懑背景下，喝酒之后的喷薄狂歌：

君不见，黄河之水天上来，
奔流到海不复回。
君不见，高堂明镜悲白发，
朝如青丝暮成雪。
人生得意须尽欢，
莫使金樽空对月。
……

"归来无产业，生事如转蓬。""顾余乏尺土，东作谁相携。"现实生活的困境与内心的寂寞，经过酒的催化，发酵为粗犷的狂歌。然而，狂歌的烟云下难掩内心的寂寞。他是真寂寞，因为，他看到的不只是自己的寂寞，而是古来圣贤皆寂寞。这已经不是一己之愁，而是每一个生命共同的困境。这万古愁思，又岂是三杯两盏浊酒能排遣得去的！《将进酒》传达的是生命壮年的无奈，仿佛壮士的热泪，幸而还存有"天生我材必有用，千金散尽还复来"的自信。

此时，李白更爱道学。他正式成为道教徒，标志性事件是在德州平原郡的安陵访道时，盖寰为之造真箓——授道箓给某人，就标志他正式成为道教徒。

魏颢记云："曾受道箓于齐，有青绮冠帔一副。"李白头戴青冠，身着青黑色的绮袍，眸子炯炯有神，高视阔步，更似谪仙。

作为道教徒的李白，并没有大作为。但道教对李白的滋养已入心入脑。"余尝学道穷冥筌，梦中往往游仙山。"他不但畅游灵山秀水，还将神游八荒的艺术气息注入自己的诗歌创作中。

此时，李白更重情。太白与岑勋、丹丘生闲混，享受难得的友情。李白在朝廷时就结识了贺知章等酒中八仙，乃意气相投的酒友与文友。从李白与贺知章、李北海、杜甫、高适等的交往，乃至与魏颢、李阳冰的倾心交情中，可以看出他磊落的胸襟，透过李白与友朋间的小小的玩笑或善意调侃，可见李白对朋友的坦荡真诚。

这时，李白与杜甫相遇了。"剧谈怜野逸，嗜酒见天真。"杜甫这样回忆，足见他是李白的知音。因为他不但看到李白好谈、嗜酒的个性，还对他野逸的处境表示同情，而对嗜酒者隐然忘机、近乎天然真率的心境，给予了赞赏。李白与杜甫入酒垆喝至酒酣耳热，向晚才登上单父台，迎着扑面而来的风，"怀古视平芜"。

他们"醉眠秋共被，携手日同行"，足见亲密。杜甫仰慕李白的才华，"白也诗无敌，飘然思不群"，但对他的不切实际狂歌滥饮也有自己的规劝："秋来相顾尚飘蓬，未就丹砂愧葛洪。痛饮狂歌空度日，飞扬跋扈为谁雄？"可以想见，当李白在痛饮狂歌的时候，杜甫用一双冷静的眼睛凝视着他，为他着急。

杜甫有河南人的平正朴实，李白有四川人的诙谐幽默，于是作诗玩笑：

饭颗山头逢杜甫，顶戴笠子日卓午。
借问别来太瘦生，总为从前作诗苦。

李白吟罢便要哈哈大笑，而杜甫听见，却只会耸耸肩苦笑。从这个角度讲，李白有地道四川人的性格，有时也会拿别人涮坛子（开玩笑）的。

贺知章是李白的知音。李白刚到长安不久，贺知章就来拜访。唐人孟棨《本事诗》记载："李太白初至京师，舍于逆旅，贺监知章闻其名，首访之。既奇其姿，复请所为文，出《蜀道难》以示之，读未竟，称赏者数四，号为谪仙。解金龟换酒，与倾尽醉，期不间日，由是称誉光赫。"自此，二人成为忘年交，也在文坛上留下了一段佳话。

李白是那种让人一见就会留下深刻印象的人，足见其气场的强大。这样奇丽英姿者，绝非凡人，定是谪仙。展开太白的诗，贺知章边读边赞叹，还未读完就赞不绝口。知己互见，敞亮心扉。于是携手出门，移步坊间，倾心相醉，解金龟换酒，直至醉眼昏花。

李白亦以谪仙为乐，欣然受之。"青莲居士谪仙人"，他的根与魂，尽在这七字中。

他们在长安度过了诗酒酣畅的快乐时光。文人与文人之间，有的是死敌，而有的是知己。贺知章与李白就是后者，他到处传扬李白，使之声名大振。

"知章骑马似乘船，眼花落井水底眠。"而"李白斗酒诗百篇，长安市上酒家眠。天子呼来不上船，自称臣是酒中仙"。其他的酒仙皆似漫画一般夸张出场，定格了天宝年间长安的名士风姿。

多年以后，李白思念老友了。当他在天宝五载（746年），与杜甫分手后，寂寞时又想念贺知章。此时贺知章已还乡会稽（今浙江绍兴一带），并成为道士。故贺李之间，既是诗友、酒友，还是道友。他们习性相投，心灵相通，彼此欣赏，与倾尽醉。尔后，当李白告别东鲁诸公，乘舟沿运河南下到达会稽时，才知贺知章已离开人世。李白的悲怆与落寞难以言表。走进故宅，没有故人的身影，看到的是莲花依旧盛开。一个人对着酒杯，脑子里尽是长安城里美好的记忆，进而感叹，"昔好杯中物，今为松下尘"。想到金龟换酒处，不禁潸然泪下。

会稽山没有贺老，青山失色，游兴全无。他掉头向西，再游金陵。幸好金陵有侍御崔宗之，李白玩得痛痛快快。一个新月如玉钩的夜晚，太白与"酒客十数公"赏月之后，又至城西孙楚酒楼喝酒闹腾至天明，并歌吹一日。向晚时分，众人皆醉，太白"草裹乌纱巾，倒被紫绮裘"。在两岸围观者拍手大笑中，上船去访崔侍御。船上的酒客，喧呼狂傲赛王侯，仿佛个个是世界的主宰。途中遇到一吴姬，流露不屑，出言讥讽。醉中的李白满心都是崔宗之，"我忆君到此，不知狂与羞"。月下两人相见，把酒言欢，第二天早晨又是酒肉款待。太白把崔宗之写的赠诗系在衣裘上，"字字凌风飙"！

告别金陵后，太白回到河南一带，当时安禄山欲谋反叛乱的消息已在暗中盛传，太白再由开封渡黄河，经邯郸到幽州，"且探虎穴向沙漠"。当看到安禄山的嚣张气焰后，太白为大唐的命运担忧，既感叹国运也慨叹自己的命运。

太白由幽州南下，回梁园，再至安徽宣城，在皖南漫游。他再次遇上崔侍御，在《登敬亭北二小山余时送客逢崔侍御并登此地》中写道，两人"大笑上青山"，望着长安的方向，"回鞭指长安，西日落秦关"。太白已经预感到日落西山的大唐帝国命运日衰。但此时，他已无能为力，且朝廷与他，已是"帝乡三千里，杳在碧云间"。

就在李白第二次漫游期间，唐朝统治集团内部的矛盾越来越深重，太白对社会的认识越来越清醒，从政的愿望也越来越寡淡，在《答王十二寒夜独酌有怀》中，他分析自己，既不能像长安城中那些鼻息吹虹霓的斗鸡之徒，也不能如哥舒翰"横行青海夜带刀"，叹息自己只是一个"吟诗作赋北窗里，万言不直一杯水"的穷儒，"白首为儒身被轻"，他回顾当今李北海、裴尚书的悲愤之死，最后表明自己的心迹：

少年早欲五湖去，见此弥将钟鼎疏。

只有回到大自然的怀抱，游子的心才得到安宁，只有离开喧嚣的世间，骚人的情怀才得以舒放自在。

跟随永王

天宝十四载（755年），太白已到知天命之年，安史之乱爆发。安禄山这年十一月在范阳（今河北涿州）一带起兵，第二年六月攻入长安。在此之前，唐玄宗逃往蜀地，在马嵬坡（今陕西兴平以西约10公里处）发生兵变，杨国忠被杀，杨贵妃被赐死。

元代评论家萧士赟认为，《蜀道难》是李白得知玄宗皇帝往蜀中逃亡时的作品。以蜀道之高峻，隐喻国势之艰危，"其险也如此，嗟尔远道之人胡为乎来哉！""锦城虽云乐，不如早还家"，太白时时侧身西望，以自己对蜀中情势的了解，表现对国家危机的担忧。

当乱军来时，太白在陈留，他带着宗夫人西奔华山，又南投安徽宣城、当涂一带，再奔金陵等地。此时的太白诗风沉郁、悲愤，《扶风豪士歌》《奔亡道中》《古风·西上莲花山》《宣城见杜鹃花》《南奔书怀》《独漉篇》等一批诗作中，表现了对百姓遭受蹂躏的同情与悲愤，"白骨成丘山，苍生竟何罪"；表现了对国家命运的担忧，"举目山河异，偏伤周顗情"；也抒发了自己欲为国雪耻、鹏搏九天的豪情。

至德元载（756年），唐肃宗即位，永王李璘率水师自江陵东下，至九江时，获悉李白在庐山，三次征召李白。正是在这样的背景下，李白应永王征召入幕。

他写下《别内赴征三首》，夫妻俩依依惜别。"归时倘佩黄金印，莫学苏秦不下机。"诗中仍然流露出功名思想，这是李白终身未泯的。

现在天下大乱，永王也有自己的势力考量。永王想占领南京，效东晋之势，割地而治，按当时的情势也是可能的。但肃宗从国家大局计，当然不愿看到分裂的局面。

在李白看来，"二帝巡游俱未回，五陵松柏使人哀。诸侯不救河南地，更喜贤王远道来"。永王宣扬的抗敌之举，正符合太白的志向。

永王率水军东巡，沿着长江而下，派带甲士兵五千人直奔广陵，军势浩大，但还没有显露出割据一方的图谋。李白写下了《永王东巡歌十一首》《在水军宴赠幕府诸侍御》等诗，记载了从军所见。其中"雷鼓嘈嘈喧武昌，云旗猎猎过寻阳。秋毫不犯三吴悦，春日遥看五色光""永王正月东出师，天子遥分龙虎旗""三川北虏乱如麻，四海南奔似永嘉。但用东山谢安石，为君谈笑净胡沙""南风一扫胡尘静，西入长安到日边"等语，为日后被判为"逆"留下了口实。

十二月，肃宗命高适为淮南节度使、来瑱为淮南西道节度使，加上原来的江东节度使韦陟，对永王形成三面包围之势，下令讨伐。

至德二载（757年），永王李璘在南逃时被擒杀。看似"清幽燕"的御敌王师，转眼之间便成叛贼。貌似堂堂正正的一场正剧，突然变成闹剧和悲剧。权力场中的波诡云谲是太白无法预料的，他从丹阳郡治所京口（今江苏镇江）南逃时，写下《南奔书怀》，仍然在表白自己抗敌救国的初衷。

流放夜郎

南奔至彭泽（今江西九江一带），太白被捕，关押于九江狱中。

太白此时悲愤至极，由自己想到孩子、夫人，"星离一门，草掷二孩""一门骨肉散百草，遇难不复相提携"。叹的是"好我者恤我，不好我者何忍临危而相挤"。由自己想到古来圣贤的命运"树榛拔桂，囚鸾宠鸡""自古豪烈，胡为此繁"。世道炎凉，人情冷暖，命途乖舛，一齐涌上心头。"万愤结缉，忧从中催。""举酒太息，泣血盈杯。"发端为诗，句式短小，节奏短促，情绪悲愤，多冠以百忧章、万愤词之标题。

他不知道，在长安城内的杜甫正热切牵挂着他的消息。在《梦李白》和《不见》诗中，同样经历了离乱的杜甫，深知"江湖多风波，舟楫恐失坠"，他以为太白已去另一个世界，"千秋万岁名，寂寞身后事"。他体恤李白的才情和命运，"敏捷诗千首，飘零酒一杯"。他盼望着友人归来,"匡山读书处,头白好归来"。

太白的孤苦无告以及宗夫人的奔走引起了友人的关注,经友人营救,太白终于出狱了。但统治者最不能容忍的就是背叛。至德二载(757年)岁末,太白在养病时,接到"长流夜郎"的判决。

兄弟星散,夫妻离别,太白乘舟西去流放地贵州,一路闷闷不乐,即便遇上沿途官员或友人接待宴饮,也难忘记自己的"逐臣"身份。

一路慢行,至乾元二年(759年)三月,太白才到达白帝城(位于今重庆奉节)。幸遇朝廷发布大赦,太白才得以放还。他写下"朝辞白帝彩云间,千里江陵一日还"。此时太白的心情是多么轻松、欣喜!

在江夏时,太白曾请太守韦良宰推荐自己,仍期望得到朝廷任用。唐肃宗在位七年,宝应元年(762年),肃宗病死,时年五十二岁,代宗即位,次年安史之乱平定。也许就是在这个时期,御史中丞宋若思邀请太白做了幕僚,还推荐太白做京官。宋若思的父亲宋之悌曾为太白的好友,李白为之写过诗。在做幕府期间,太白还为宋若思起草《为宋中丞请都金陵表》,奏请将国都由长安移至金陵,看来,他还是愿意参与政事。

他忧国的情怀一直延续到生命的最后,"中夜四五叹,常为大国忧"。当李光弼太尉奉命东征,出镇安徽临淮时,太白居然启程前往投奔。途中病重,只得在当涂县依靠族叔李阳冰。

当代宗终于任命他为左拾遗时,太白已经离开了人世间。

太白晚年的生活是困顿的。在《九日登山》中写道:"渊明归去来,不与世相逐。为无杯中物,遂偶本州牧。因招白衣人,笑酌黄花菊。"偶尔去找官员接济,也有时"独笑还自倾",心情是郁闷沉重

的。他一生的理想,"富贵与神仙,蹉跎成两失"。但他心中鼓荡的信念从未倒下,直到他写下《临终歌》,仍然以大鹏自喻:

大鹏飞兮振八裔,中天摧兮力不济。
余风激兮万世,游扶桑兮挂石袂。
后人得之传此,仲尼亡兮谁为出涕?

一生向着理想飞翔的大鹏,正是生命永不停歇的象征。每一个人的肉体生命是短暂的,但李白追求不止的奋斗精神,将永远照耀后来者不断前行。

在人生最后的驿站中,他仍然未忘记自己的诗稿,临危之际,把全部诗稿交与族叔李阳冰,而李阳冰也不负所望,为之编集并作序,留下了近千首珍贵的诗篇。

人们传说太白是在醉后捞月而溺亡的。这传说甚合太白的性情,醉酒捞月,多美的意境,沉溺与高蹈,都化为了一座雕塑,也是李白一生的精神象征。在这个飞天一样的雕塑中,诗人在现实的泥潭中所遭遇的一切嘲笑、讥毁、囚禁等诸多打击和伤害,渐渐下坠,化为了尘烟,而他超迈的精神追求,则早已幻变为九天之月,成为不朽生命的象征。诗仙李白,宛如夜空中的太白金星,永远辉耀在诗歌的星空。

(冯小涓　撰稿)

[延伸阅读]

陇西院

陇西院,位于四川江油西南15公里天宝山麓。北依太华山,东邻天宝山,西接红崖。陇西院是李白全家迁入蜀地后的居住地,因李白祖籍陇西而得名。明末毁于战乱,清乾隆五十三年(1788年)重建。清光绪二十二年(1896年)增修太白、仓颉、文昌、地母殿。

陇西院保留了清代风格,山门微呈八字,中部檐顶上塑有宝珠中花、鳌鱼,四角有卷草翼角。中门上端捶灰竖匾上,用瓷片嵌塑"陇西院"三个大字,匾周塑五条蟠龙,栩栩如生。三道门由石条砌造,两侧均刻对联。中门是"弟妹墓犹存莫谓仙人空浪迹,艺文志可考由来此地是故居";右门是"旧是谪仙栖隐处,恍闻昔日读书声";左门是"太华直接青莲宅,天宝遥看粉竹楼"。

李杜友谊

天宝三载(744年),李白漫游东都洛阳,遇到了生活困顿的杜甫,因二人皆性豪嗜酒,故一见如故,就此结下了深厚的友情。第二年再次同游梁宋(今开封、商丘一带),访道求仙。他们偶遇高适后,三人畅游甚欢,评文论诗,纵谈天下大势。

之后李白前往齐州(今山东济南一带)紫极宫请道士高天师如贵授道箓,举行了道教仪式,正式成为道士。天宝四载(745年)秋天,李白与杜甫在东鲁第三次会见。短短一年多的时间,他们三次会面,诗文唱和,留下了一段文坛佳话。

李白乐府歌行

李白乐府歌行有230多首，占其诗歌总量的四分之一。李白有感于"大雅久不作，吾衰竟谁陈"，对"自从建安来，绮丽不足珍"的诗坛状况提出批评。因此，李白继承汉魏乐府感于哀乐、缘事而发的诗歌传统，创作了大量的乐府诗践行其诗歌理论。

李白的乐府诗多沿用乐府古题，或用其本意，或翻案另出新意，能曲尽拟占之。其创新之处主要表现在两个方面：一是借古题写时事，如《出自蓟北门行》《侠客行》等；一是用古题抒己怀，如《蜀道难》《将进酒》等。李白的乐府诗完全打破了诗歌创作的固有格式，空无依傍，达到了任情随性、变幻莫测、摇曳多姿的神奇境界。

杜甫：大唐由盛转衰的忠实记录者

杜甫（712年—770年）

唐代伟大的现实主义诗人，字子美。其诗歌贯穿了爱国忧民的主线，深刻地反映了唐王朝由盛转衰的急剧变化，再现了安史之乱前后的社会面貌及其个人的生活经历，具有丰富的社会内容和鲜明的时代特色，故其诗有"诗史"之誉。

杜甫主要行迹

颠沛入蜀

公元759年,在杜甫生命中是一个重要的节点。这一年,这个怀有济世之志的诗人终于对朝政失望,放弃了华州参军的官职,开始带着一家人在中国大地上流浪。离开华州(今陕西渭南华州区)时,他们雇了一辆马车,车上载着两双儿女。他们先往西,去到秦州,即今天的甘肃天水。在那里,杜甫有一个侄子,还有一个和尚朋友。此时,杜甫的想法很简单,筑几间草堂,在战乱的年代过一种粗茶淡饭的平安生活。杜甫在秦州的经历,从《秦州杂事诗》二十首可以窥见大概。他在这组杂事诗第十四首中说"何时一茅屋,送老白云间",表达的就是这样的希望。虽有侄儿和那位和尚朋友的帮助,但秦州并不是适合安居之地。他不得不为寻找下一个安身之处而焦虑。这时,同谷县令来信邀他前往。但等他拖家带口到了同谷,这位"来书语绝妙"的县令却避而不见。个中原因,有很多说法,莫衷一是。或许他是读过杜甫诗，热爱杜甫诗的，没见过杜甫的他，可能在脑子中构想出一个飘逸豪迈的诗人形象。等到杜甫形色憔悴，拖家带口来到他面前时，想象颠覆，现实的考虑占了上风，干脆就避而不见了。杜甫一家，立即就陷入了衣食住都无依无凭的境地，只好打主意去寻找另外的安身之地。他们十一月到达同谷，十二月一日，就离开了，目的地为现今的四川，成都。

离开的情境，杜甫写有《发同谷县》为证："忡忡去绝境，杳杳更远适。""忡忡"和"杳杳"都写低落的心情。"忡忡"是离开时的悲凉。"杳杳"是对前途上的遭遇全无把握，但还是只得上路了。

已经身无一官半职的杜甫，之所以选择进入四川盆地，一来，这个地方不像北方，正陷于安史之乱爆发以来无休无止的战乱。二来，这个地方有一些亲友可以投靠。杜甫自己在诗中也夫子自道，说这是"因人作远游"。

所因之人，有此时的剑南西川节度使裴冕，他是以成都为中心的西川最高行政与军事首脑。安史之乱后，杜甫在肃宗朝中任左拾遗时，裴冕是朝中首辅，地位比杜甫高出许多，虽然他并不热爱诗歌，但总算是旧相识了。

还有此时在彭州任刺史的诗人高适。这就是他相知甚深的老朋友了。安史之乱未爆发前，杜甫和弃官而去的李白以及尚未仕途发达的高适曾同游梁宋，即今天的河南省开封和商丘一带。十几年过去，杜甫、李白和高适三个人命运已经发生了巨大的变化。杜甫流寓秦州时，就得到了高适到彭州的消息。

在成都，杜甫还有一个表弟，在王家排行十五，所以叫王十五，任一种叫司马的官职。这个官职,在唐代为州一级首长如刺史的佐官,说大不大,说小也不小了。

流离不定,无处安身的杜甫,此时可以指望的就是这些亲友故交的友情了。相对于今天,那还算是一个友情与诗才都被人们珍惜的时代,但杜甫对自己能否受到善待还是心怀忐忑,没有多少把握。

无论如何,过了剑门关,道路平顺,气候也越来越温和,相对于秦岭山中,吃食也丰富多了。不一日,杜甫一行人来到了进入成都平原的最后一道关口,德阳北三十里,距成都一百五十里的鹿头山。过了此山,就是一马平川了。杜甫又写诗一首《鹿头山》:"连山西南断,俯见千里豁……及兹险阻尽,始喜原野阔。"连绵崎岖的群山终于在西

剑门关

南方向上消失了,从山头上望下去,只见豁然开朗的一马平川。往前,就再也没有地理上的险阻了,不由人不心生欣喜。这首诗不光写鹿头山上所见的风光,同时,也是写给节度使裴冕的:"冀公柱石姿,论道邦国活。斯人亦何幸,公镇逾岁月。"冀公,指裴冕。他来主政川西前,

就已经被封为冀国公了。"柱石姿",是使一方安定的柱石。这样的口吻,多少有些恭维的意思了。

没有记载说杜甫得到了裴冕什么样的回复,但应该是对他表示了欢迎。所以,当他从今德阳绵竹出发,成都这个大都会出现在他视野中的时候,他的心情的确是欢欣的。这时已经是759年的最后几天了。这是杜甫一生中最为颠沛的一年。这一年,国运与家事都让他忧心忡忡,好在这一年的最后几天,当他望见成都的时候,久违的喜悦心情重新充满了他的身心,一首诗《成都府》在胸中涌动了:"翳翳桑榆日,照我征衣裳。我行山川异,忽在天一方。"呀,眼前的景象与萧瑟枯寂的秦州和同谷是多么不一样啊!阳光温煦,植物翠绿,照在自己久经风霜、颜色黯淡的衣裳上,"但逢新人民,未卜见故乡。大江东流去,游子日月长"。

"曾城填华屋,季冬草木苍。喧然名都会,吹箫间笙簧。信美无与适,侧身望川梁。""曾"通"层",有史料记载,杜甫到达的彼时的成都由三部分构成:大城、少城和州城。三个城互相连接,所以叫层城。三城里头都满是漂亮的房子。"季冬",冬天的最后一个月。农历十二月,在今天的公历,已经是来年的一二月间,是大地回春的时节。经冬不凋的草木已经有新绿萌动了。喔,作为天府之国中心的有名的成都,真是美得名不虚传。

成都也确实对他张开了温暖的双臂。一家人被安置在一座寺庙里。寺庙,在古代常常成为风雨羁旅中人们的安身之所。杜甫所居的那座寺院是一座名寺,古称草堂寺,建于南北朝时期,也称益州草堂寺。宋代人记载其位置在成都府城西七里,与后来杜甫建草堂处相距三里。一家人刚在这里安定下来,老友高适就派人来看望他了。高适送来了粮钱,还赠诗一首《赠杜二拾遗》。杜甫却只能答诗一首《酬高使君相赠》，感谢他的救济。通过他的诗，今天的我们可以看到杜甫对当时的生活和那座寺庙的描述："古寺僧牢落，空房客寓居。"这座著名的古寺已经没有多少僧人了，所以才有房间空出来供他一家居住。生活过得还不坏，因为这里人对他很好，"故人分禄米，邻舍与园蔬"。以前相识的故人，包括高适在内送来了粮钱，旁边不认识的邻居送来了自家菜园里的时蔬。高适在《赠杜二拾遗》中最末一句说："草玄今已毕，此后更何言？"

"草"，指书写。"玄"，指汉代文豪四川人扬雄所写的名作《太玄》。高适在这里是说："你以前那些诗篇与《太玄》一样著名，此后你还会写些什么样的作品呢？"杜甫在这首诗的最末两句对此做了回答："草玄吾岂敢，赋或似相如。""我哪里敢和扬雄比啊，就跟司马相如差不多吧。"杜甫已经说出了这样的话，同时代的诗人高适也对他有那么高的期许，中国的诗歌史，可以期待这位伟大的诗人写出那些今天我们依然耳熟能详的作品了。

草堂岁月

至少从在秦州时开始，构筑一座可以让一家人得以安居的草堂就是杜甫的一个梦想。

在此之前，他有更远大的理想，那就是辅佐君王，改变社会："致君尧舜上，但使风俗淳。"但这个理想早在战乱之中，在他被贬为华州参军，并最终弃官而去时就彻底放弃了。残酷的现实摆在他面前的最迫切的问题，就是构筑一个能使一家人躲避风雨的安身之所——理想被不断简化，直到变成一座再具体不过的草堂。

在成都，他的这个梦想得以实现。

他用自己的诗把这一过程，以及草堂建成后的生活情景都翔实地记录下来。后人评价杜甫诗是"诗史"，其实他首先写的是个人经历，个人所经历的历史。个人经历映照着时代，构成更宏阔意义上的诗史。

构建房屋，第一就是选址。反映在杜诗中就是《卜居》一诗。当时他寄居在城西浣花溪畔的古草堂寺，选择地址自然就从日渐熟悉、日渐亲切的浣花溪畔开始。果然，地址也就选在离寄居寺院不远的浣花溪畔："浣花溪水水西头，主人为卜林塘幽。已知出郭少尘事，更有澄江销客愁。"一个弃官而去的布衣，不需要住在城里朝九晚五。浣花溪畔江流萦回清澈，对一个面山临水时写过动人诗篇的诗人来说，真是一个再好不过的地方了。诗人自己也喜欢这个地方。看，风景多么美丽，江水之上："无数蜻蜓齐上下，一双鸂鶒对沉浮。"然后，有人送钱来了，这个人就是杜甫的表弟，他出城来看望杜甫一家，并送来修筑草堂的钱。"忧我营茅屋，携钱过野桥。"盼着钱来的杜甫早就在江边等着了，所以王表弟还在江那边就被杜甫望见了，杜甫表弟一步一步从桥上走了过来。写诗需要想象。读诗也需要一点想象。有了想象，诗中的场景才能生动活泛起来。

有了钱，就可以开工了。

开工之时，杜甫对于草堂已经有了详细的规划。草堂开工是在春

杜甫草堂

天，也正是栽树植竹的最好时令。杜甫开建草堂，同时也是在构筑一个园子。钱都花在草堂的构筑上，营造这个园子的其他材料就要向当地的旧友新识寻求帮助了。一个诗人，唯一的寻求帮助的办法也就是写诗。他的第一首诗是讨要桃树苗。作为诗人，他喜欢"春来还舒满眼花"；作为一个生活无着的人，他要的是"秋高总馈人实"。他写诗向一个姓萧的县令要桃树苗，"奉乞桃栽一百棵，春前为送浣花溪"。规定数量，还要规定送达的时间地点。这可以看出当时的时代风习。接着，他还要继续为这个围绕着草堂的园子栽种别的都很占地的东西。唯一的办法还是写诗。

杜甫要过绵竹县的竹子,"江上舍前无此物,幸分苍翠拂波涛";要过生长快、很快成荫的桤木,"饱闻桤木三年大,与致溪边十亩荫";要过果树苗,"草堂少花今欲栽,不问绿李与黄梅";还要过吃饭的瓷碗,"大邑烧瓷轻且坚,叩如哀玉锦城传。君家白碗胜霜雪,急送茅斋也可怜"。当大邑白胜霜雪的瓷碗送到浣花溪边,杜甫营造草堂的工程便初步完成了。

他满怀欣喜之情,写了一首诗《堂成》。可见,成都给了杜甫一个颇为宁谧的安身之所。无论如何,这时的杜甫不再是安史之乱发生时,奔波于道上,亲见亲历苍生苦难而写下"三吏"与"三别"的杜甫了;也不是从华州到秦州再到同谷颠沛流离、满心苍凉的杜甫了。在这里,他将带着欣喜之情为成都画像,为成都为世界留下永恒美丽的诗章。

诗意成都

杜甫对成都的书写从浣花溪边开始,从温润的气候和优美的景物开始。用宇文所安的话来说,就是"周围优美的自然风景"。

草堂初成,正是公元760年的春天。

成都的春天,滋润万物的春雨常常在夜晚降临。从古到今的成都人都听到过春夜里雨水敲窗的声音,听到过雨水落到窗前竹叶上,落在院中玉兰和海棠树上的声音。只是,今天的成都人不像前人,还能听到雨水落在屋顶青瓦上的声音了。那是天空与大地絮絮私语的声音。如今大家都知道，描写春雨的千古名篇，就是中国人读唐诗时必然诵读的篇章之一《春夜喜雨》。

> 好雨知时节，当春乃发生。
> 随风潜入夜，润物细无声。
> 野径云俱黑，江船火独明。
> 晓看红湿处，花重锦官城。

我想，中国人对这首诗如此熟稔，都不必再解释什么了。它如此深入人心，已经化为我们面对西南成都的春雨时直接的感官——无论是听还是看。

（宋）惠崇《溪山春晓图》

春雨一来，浣花溪水就上涨了。杜甫不止一次平白如话而又歌唱般地写了春水的上涨。"二月六夜春水生，门前小滩浑欲平。""南市津头有船卖，无钱即买系篱旁。"在此期间，杜甫营造草堂的工程还在继续。他又临水造了一个亭子一类的建筑。"新添水槛供垂钓，故着浮槎替入舟。"

杜甫不光在水槛上临江垂钓，更重要的还是在这儿看雨，写雨。描写雨景的诗作《水槛遣心二首》也是杜诗中的精华。他在这里看到的雨中景象，更是迄今为止写成都雨景无出其右的优美篇章。

> 澄江平少岸，幽树晚多花。
> 细雨鱼儿出，微风燕子斜。
> 城中十万户，此地两三家。
> 蜀天常夜雨，江槛已朝晴。
> 叶润林塘密，衣干枕席清。

有了这些文字，成都的雨，成都夜里悄然而至，落了满城的雨，落在浣花溪上，落在锦江之上的雨就与别处不一样了。那是从唐诗里飘来的，润心无声的雨。成都可以为此而感到骄傲。天地广阔，雨落无边。可是，又有几丝几缕被诗意点染后，至今还闪烁着亮晶晶的韵律呢？

带水槛的草堂建成了。园子里种下的作物也锄过草了。蜀地的雨听过了，锦江两岸的春花也看过了。深入一个城市，当然要由自然及于人文。杜甫出发了。第一个目标是今天还在的武侯祠，那时还在城外的祠

堂现在已经在二环以里的市区中央了。还是以诗笔记之,也是他最有名的诗作之一《蜀相》:

> 锦官城外柏森森,丞相祠堂何处寻。
> 映阶碧草自春色,隔叶黄鹂空好音。
> 三顾频烦天下计,两朝开济老臣心。
> 出师未捷身先死,长使英雄泪满襟。

这首诗成都人应该是喜欢的。而杜甫有些诗,却对蜀人有讽喻,有批评。

他写都江堰:"君不见秦时蜀太守,刻石立作三犀牛。"秦朝派来的太守李冰建了都江堰,还在堰首刻塑了三头犀牛。关于这犀牛的作用,到底是科学地测量水位还是迷信地镇压洪水,至今还各执一词,众说纷纭。"蜀人矜夸一千载,泛滥不近张仪楼。"那时的蜀人更多的是相信迷信说法的。他们都多少带着骄傲的神情夸耀说,都江堰建成一千年了,有这三头犀牛的镇压,水再大,也没有涨到成都的张仪楼下。但是,就是杜甫写此诗的这一天,坏消息传来了,岷江发洪水,淹了田地房屋,还死了人:"今日灌口损户口,此事或恐为神羞。"这不止是讽喻,简直就是嘲笑和批判。石犀牛是镇不住洪水的,正经的做法还是学习李冰"修筑堤防出众力",有了这堤坝的保护,才能拥有丰收的秋天,"高拥木石当清秋"。

虽然杜甫诗中对蜀人有讽喻有批评,但与其说这是针对蜀人,倒不如说是对中国社会文化病相的普遍揭示。所以,成都人也不能只阅读、只记诵杜甫表扬成都物华天宝的诗章。但杜甫对成都的确是热爱的。《赠花卿》一诗，就是对成都这座繁华而又文艺的城市总体形象的书写。

  锦城丝管日纷纷，半入江风半入云。
  此曲只应天上有，人间能得几回闻。

总之，760年，杜甫在成都的第一年，以及到成都的第二年，至少是上半年，日子都过得相当舒心。

一边访问新知旧友，一边游览风景名胜。以他诗中所记，去了新津北桥楼，并题诗。还是在新津，登四安寺钟楼，又两游修觉寺；去了青城山，留《登丈人山》；回了成都，还在城中四处寻访古迹，留下诗章的有两处，一处是武担山石镜，一处是司马相如弹过琴的地方，留了一首诗：《琴台》。

蜀中友谊

杜甫在成都过得好，多半靠那些为官朋友的帮衬接济。但时间久了，交浅也好，缘深也罢，最初的热情过去，接济也就没有那么频繁了。这也是人之常情。

杜甫虽然写过《为农》诗，也在《有客》诗中描绘了自己在园中劳作的形象。但实际上却没有怎么坚持。春天过去，夏天又过去，转眼就是秋天了。园子里却没有什么可靠的收获。一到秋天，生活资料储藏有限，只好向已经麻烦求告过不止一次的诗友告急了。

这时的西川官场也有人事变化，对他有所关照的一把手裴冕上调京城，接任者对他没有表示兴趣。连高适那里也没了消息，只好写诗托人带去。《因崔五侍御寄高彭州一绝》："百年已过半，秋至转饥寒。为问彭州牧，何时救急难？"在此之前，高适似乎确实有较长时间没有与杜甫通过音问了。

高适有没有马上来"救急难"，未见确切记载。但杜诗中却有隐约的线索："厚禄故人书断绝，恒饥稚子色凄凉。"这个"书断绝"的"厚禄故人"是谁？后世注家也莫衷一是，有说是裴冕，有说是高适。我倾向是高适。"故人"是老朋友。杜甫和裴冕的交情没到这个分上。只有高适，才当得起这个称号。

杜甫寄了请求"救急难"的诗不久，就得到消息，高适转任蜀州刺史了。蜀州在今崇州市。杜甫又写了一首《奉简高三十五使君》给他。恃才傲物的杜甫这回都有点语带恭维了："当代论才子，如公复几人？骅骝开道路，鹰隼出风尘。"把高适比作疾驰于途的骏马，比作高飞云端的鹰隼。并告知高，要到他新任职的蜀州去看望："天涯喜相见，披豁道吾真。""到了相见时，我要敞开胸怀对君一吐真情。"

转眼到冬天了，一家人生活匮乏，成都的雨也没有春天那么可爱了。"甲子西南异，冬来只薄寒。江云何夜尽，蜀雨几时干？"冷啊，阴冷啊，雨还下个不停，饥寒交迫，只好继续向人求助。求助的对象是一个姓王的县令。他先写了一首诗寄去，王县令没回。只好再写一首

《重简王明府》:"行李须相问,穷悉岂自宽。"这里的"行李",是使者的意思,意思是说你应该派人来慰问帮助我,我自己是解决不了当前的生活困难了。困难到什么程度?《百忧集行》写道:"入门依旧四壁空,老妻睹我颜色同。痴儿不知父子礼,叫怒索饭啼门东。"

如此情形下,看到的景色也不那么美好了。看看连续几首诗的诗题。《病柏》《病橘》《枯棕》《枯楠》,那真是满目凄凉。"野外贫家远,家中好客稀。"

恰恰此时,风雨也来作对。先是大风雨,把草堂附近一棵老楠木吹倒了,让杜甫悲怆了一回。接着,大风再起,造成新破坏,就有了后人传诵不绝的《茅屋为秋风所破歌》。

怎么办?还是得找"厚禄故交"想办法。恰好听得人说,彭州刺史王抡和蜀州刺史高适都来成都开会了,赶紧写诗去联系。不好直接找高適,便找王刺史。诗题很长:《王十七侍御抡许携酒至草堂,奉寄此诗,便请邀高三十五使君同到》。收到此诗王抡来了,"音书绝"的高適也来了,也写了诗:《王竟携酒,高亦同过,共用寒字》。注意这个"竟"字。发了邀请,但没想到会来,却"竟然"来了。三人一起喝酒,还一同用"寒"字韵作了诗。两位刺史来,不光是喝酒,还帮助他解决了生活困难。

接着,这年冬天,四川又换了最高军政长官严武。严杜两家,上辈人就是世交。严的官职是成都尹兼御史大夫、充剑南节度使,西川最高首长。严武761年年底上任,次年春天,就主动写诗《寄题杜二锦江野亭》给杜甫表示慰问。杜甫马上回诗一首:《奉酬严公寄题野亭之作》,末两句说,"柱杖旌麾出城府,草茅无径欲教锄"。"我这里少人探望,荒草都把路掩没了，为了你来，我要叫人把那些荒草都锄掉。"

严节度使真的就来了："元戎小队出郊垌，问柳寻花到野亭。"一方封疆大吏，只带了少许随从就来了。严武是真对杜甫好。不光是亲至草堂访问，生活上不断周济，还常邀他进城，诗酒唱和。一起在成都西城头晚眺，作诗。严武作了一首咏雨的绝句也要寄给他。严武还从城中捎去"青城山道士乳酒一瓶"。夏天，严武又放下繁忙的政务与军务，再来草堂探望，杜甫作《严公仲夏枉驾草堂，兼携酒馔（得寒字）》一诗。我们应该记得，之前高适去草堂时，两人和诗也用寒韵。严武邀请他进城去，杜甫又作《严公厅宴，同咏蜀道画图（得空字）》，两个人都是走过那北上南下的蜀道的，现在站在蜀道地图前，各有感慨。

好日子来得快，去得也快。762年，政绩、官声、人品都很不错的严武又奉命回中央任职，要离开成都了。无论是出于现实生活的考虑，还是出于真诚的相知之情，杜甫都有千般不舍。他不光写诗表达不舍离别之意，还一路相送，正是古诗中所说，"行行复行行，长亭连短亭"。这一相送，就是好多天，一直相伴相送到涪江边的绵州，也就是今天的绵阳。这一路留下的情真意切的诗篇，让我们看到两人在绵州流连的情景。

好日子一去，坏日子就来了。

严武离开成都不久，人还在路上，一个叫徐知道的将领就在成都发动了兵变。成都陷入了动乱之中。成都是回不去了。妻儿却还留在草堂，杜甫只得只身在绵州、梓州一带流浪。漂泊中的杜甫，很怀念在成都草堂安居的日子，甚至写了一首寄给草堂的诗——《寄题江外草堂》，并在题目中加了一句话："梓州作，寄成都故居。"

成都回不去，杜甫只好继续流浪，四处就食。还把一家人都接了去。从他这一时期的诗作来看，日子过得还算不错，每去一地，当地大大小小的官员都招待他，大家诗酒往还。在涪江边观舟子打鱼；去射洪县凭吊陈子昂故居；去通泉县，去涪城县、盐亭县，去阆州（今四川省东北部）。这一去，就是一年多时间。

和初建草堂时要在成都终老的想法不同，这期间他已经在做回故乡的打算了，所以特别关心北方战事进行的情况。只是，一两场胜仗并不能代表战乱结束。战争还有起伏曲折，离真正的结束还有很长时间。杜甫只好还带着一家人在今天三台县，当时的梓州一带盘桓。到763年冬天，他已经下定决心，要离开四川。洛阳还回不去，那就先到吴楚，也就是出长江往湖北湖南一带走。

就在这时，情况一变。

接替严武任剑南西川节度使的高适在与吐蕃的战争中打了败仗，丢掉了岷山中拱卫成都平原的战略要地松州、维州和保州，即今松潘、理县一带。六十一岁的高适被免去节度使一职调往中央任职。严武二次入蜀，再接剑南节度使职。得到这个消息，杜甫马上改变计划，不去吴楚，要回成都。高适当节度使，不肯认真理会他，但严武他是信得过的。有诗为证：《将赴成都草堂途中有作，先寄严郑公五首》。这次回来，才三十多岁的严武已经封郑国公了。

杜甫于是又回到成都了！草堂还在，并未毁于兵乱。欣喜之余，他写了一首《草堂》纪之："昔我去草堂，蛮夷塞成都。今我归草堂，成都适无虞。"

回到成都的杜甫，似乎又过上当年初营草堂后那样的安稳日子，又开始写欣欣然歌颂成都美景的诗篇了。

《登楼》:"锦江春色来天地,玉垒浮云动古今。"

《绝句二首(其一)》:"迟日江山丽,春风花草香。泥融飞燕子,沙暖睡鸳鸯。"

《绝句四首(其三)》:"两个黄鹂鸣翠柳,一行白鹭上青天。窗含西岭千秋雪,门泊东吴万里船。"

严武不仅关心他的生活,还从朝廷为他求了个小官职:检校工部员外郎。由此便有了一份工资收入。当然,杜甫不可能到中央去"上班",就到严武幕府中做些参谋性质的工作。杜甫去城里"上班"了,与严武的交往也更频繁,留下好几首诗记他们的交往,如《奉待严大夫》"殊方又喜故人来,重镇还须济世才",另外还有《严郑公阶下新松》《严郑公宅同咏竹》《奉观严郑公厅事岷山沱江画图十韵(得忘字)》。

严武二度镇蜀,其实是来收拾

(元)盛昌年《柳燕图》

高适留下的烂摊子。最大的一件事，就是收复被吐蕃攻战的松、维、保三州。杜甫对战争的形势是关注的，在他流浪梓州时，就写有《西山三首》："辛苦三城戍，长防万里秋。烟尘侵火井，雨雪闭松州。"高适任节度使时，对这些地方的防卫方略保守，杜甫则认为应该要取以攻为守的方法，才能抵御吐蕃的进攻。此间，他还写了一首《警急》，那时三城之一的松州城已经被吐蕃大军重重包围，但高适防守的决心并不坚定。所以流离中的杜甫写了这首诗："玉垒虽传檄，松州会解围。"这是安慰，只要坚持战斗，松州之围是可解的。接下来是劝告，劝告高适不要和谈，不要对和谈抱有幻想："和亲知拙计，公主漫无归。青海今谁得，西戎实饱飞。"杜甫这首诗是十月份在阆中写的。一定是写给高适，有向他建言献策的意思。但高适没有理会。十二月，松州就陷落了。

严武回来，马上就筹划向西山进兵，并率军于当年秋天收复了西山失地，稳定了边境局势。为此，严武写了一首诗《军城早秋》。杜甫也写了一首诗相和，《奉和严大夫军城早秋》："秋风袅袅动高旌，玉帐长弓射房营。已收滴博云间戍，更夺蓬婆雪外城。"所以，后世研究者讨论杜甫与高适与严武的关系时，就注意到影响杜甫与严武和高适关系的深层原因还有政见的异同。

杜甫在严武幕中不久，又一次辞去检校工部员外郎的官职。杜甫"性疏放"，心里自认与严武既是世交，也是朋友，但到了幕府中会有上下尊卑之分，他自然是不习惯的。这也有他的诗为证，如：《宿府》"已忍伶俜十年事，强移栖息一枝安"；《遣闷奉呈严公二十韵》"束缚酬知己，蹉跎效小忠"。

765年正月间，杜甫又回到浣花溪边的草堂。这回，他是下定决心要在这里安安静静地过日子了。那么，接下来杜甫和严武关系又会发生什么样的变化呢？可惜的是，我们看不到这个故事的发展了。这一年四月，才四十岁的严武突然在成都暴病而亡。这位能文能武的封疆大吏，就这样走了。《全唐诗》中存杜甫诗一千余首，严武诗只有六首。其中两首是因有杜甫相和而留下的。

这一回，失去荫庇的杜甫真的只好离开成都，离开浣花溪，离开草堂了。

杜甫又走上他的流浪之路。

他用诗为我们标注他东去的行迹。

他是从水路出川的。在嘉州（今四川乐山），宿过一个驿站叫青溪驿；在戎州（今四川宜宾）有杨使君请他喝酒，吃了当地产的荔枝；在渝州（今重庆）等一个朋友一起入三峡，没有等到，便先登船走了；在忠州（今重庆忠县），喝了一种酒叫麹米春。也是在这里，他收到高适死去的消息。《闻高常侍亡》："归朝不相见，蜀使忽传亡。"杜甫在江上，还遇到了送严武灵柩回乡的船。《哭严仆射归榇》一诗即是与严武作最后的告别："风送蛟龙匣，天长骠骑营。一哀三峡暮，遗后见君情。"

人一死，曾有过的怨怼都消失了，留下的只有对温暖友情的深深怀念，对严武如此，对高适也是如此。对这两位故人的怀念，也触发了他对成都寓居岁月的怀念。

云安（今重庆云阳），杜甫在那里生病，卧床不起，却写了深情怀念成都的《怀锦水居止二首》。还是卧病云安时，暮春初夏，他听到了杜鹃鸟的叫声，这又令他魂归成都。在成都春深，杜鹃花开之时，听闻浓荫深处传来杜鹃的啼叫，就会让人想起杜甫的这首《杜鹃》：

  西川有杜鹃，东川无杜鹃。
  涪万无杜鹃，云安有杜鹃。
  我昔游锦城，结庐锦水边。
  有竹一顷余，乔木上参天。
  杜鹃暮春至，哀哀叫其间。
  我见常再拜，重是古帝魂。

  大历五年，即公元770年，是杜甫生命最后一年，也是堪与秦州岁月相比的最悲苦的一年。以中国之大，竟没有让最伟大诗人寄寓的一块土地，杜甫生命的最后一年基本上是在一叶孤舟上度过的。流浪的他，前途无依，只余回忆。

  这年正月，他翻检行囊中的旧文稿，高適赠他的一首诗《人日寄杜二拾遗》赫然呈现眼前。

  人日题诗寄草堂，遥怜故人思故乡。
  柳条弄色不忍见，梅花满枝空断肠。
  身在南蕃无所预，心怀百忧复千虑。
  今年人日空相忆，明年人日知何处？

  高適这首诗写于761年春节，那时他刚到蜀州刺史任上不久。前面说过,那时杜甫对高适有情绪、有意见,所以没有回复高适。在这正月的寒江之上,登岸几天便又登船漂泊,身陷战乱,饱尝世态炎凉的杜甫,想必有些后悔,当年自己对高适可能有些过于苛求了。

现在,他在770年,回复高适761年大年初七写给他的那首诗了。这时高适死去已经五年。离那首诗写就的时间已将近十年。杜甫在《追酬故高蜀州人日见寄》这首诗的序文中写道:"开文书帙中,检所遗忘。因得故高常侍适人日相忆见寄诗,泪洒行间。读终篇末。自枉诗,已十余年。莫记存殁,又六七年矣!"

这些旧友一走,天下就寂寞了。

不要说自己老病如此,无助如此,即便是成都的春光,没有了高适这样的人,也是"锦里春光空烂漫"了。盛唐已成旧梦,盛唐一代的诗人也相继凋零。杜甫写下此诗后不久,岑参在成都死去。然后,这年年底,杜甫这位身经了大唐盛世,并以全部生命经历书写了一个伟大时代步步转向衰亡过程的伟大诗人,在湘江舟中死去。盛唐早已不在,余音袅袅的盛唐诗歌,随着杜甫的死去,也终于曲终人散。

(阿来 撰稿)

【延伸阅读】

摩诃池

764年早秋时节,严武率军收复失地,回到成都,为放松心情,曾与杜甫等一干人出署游玩。杜甫也有诗记其事。《晚秋陪严郑公摩诃池泛舟(得溪字)》:"湍驶风醒酒,船回雾起堤。"

古籍《成都记》中记载,隋朝时筑成都城墙,挖土形成一个大洼地,再注水成湖。后来,有个胡僧到了湖边,赞叹了一句"摩诃宫毗罗"。"摩诃"是梵语,其意是"大"。"毗罗"也是梵语,其意为"龙"。这意思就是有龙居住的大湖。

今天成都城中已无此湖,很长时间,具体位置也失其所在。这些年成都发展迅猛,建设繁巨,许多古代遗址也因建筑工程而被发现。摩诃池遗址也因此被发现,大致在今天城中心后子门一带。

苏轼：人的丰富性的最佳诠释者

苏轼（1037年—1101年）

字子瞻，号东坡居士，眉州眉山人。苏轼是宋代文学最高成就的代表，其诗题材广阔，清新豪健，善用夸张比喻，独具风格，与黄庭坚并称"苏黄"；其词开豪放一派，与辛弃疾并称"苏辛"；其散文豪放自如，与欧阳修并称"欧苏"，为"唐宋八大家"之一。

苏轼主要行迹

试登绝顶望乡国

眉山位于成都与峨眉山、乐山大佛之间。南宋蜀地有民谣云:"眉山生三苏,草木尽皆枯。"极言苏氏一家占尽当地文苑风流。苏轼和父亲苏洵、弟弟苏辙,俱属"唐宋八大家"。

苏轼早年幸福。母亲程氏原系大家闺秀,知书识礼。乳母任采莲,慈眉善目。

早年在眉山,母亲与任采莲双双呵护苏轼成长。及至成人,先后又有三个女人出现在苏轼的生活中,成为他的妻妾,她们都姓王——王弗,王闰之,王朝云。女性的慈爱与温柔,给了苏轼一颗异于常人的仁慈之心。有趣的却是,苏东坡一生以豪放著称。他悲天悯人有如杜甫,却比杜甫洒脱快乐。

唐朝科举盛行,普通庶族子弟可经过寒窗苦读荣登士族。唐末战乱,武人称雄,斯文扫地。尽管天府之国远离战火，日子相对富足，翻山越岭求仕之人也减少了许多。到了北宋，科举之风劲吹，取士数量十倍于唐代。两宋三百年，单是眉山县就有进士八百余名。眉州（今眉山境内）又是全国三大刻版印刷中心之一，十户人家，九户有藏书，著名的孙氏书楼藏书竟达数万卷，足证当时眉山文风炽盛。

三苏祠南大门（张忠苹 摄）

宋仁宗嘉祐二年（1057年），二十出头的苏轼进京应考，成为事实上的状元——主考官欧阳修，因猜测优秀糊名试卷出自他的弟子曾巩之手，为避嫌，把苏轼取为第二。苏辙也考上了。两兄弟同时金榜题名，京师为之轰动。苏轼致信同榜进士曰："自今日起为许国之始！"颇为志得意满。

苏家三父子在汴京（今河南开封）期间，老家眉山传来噩耗，苏轼母亲程夫人因病去世。苏轼、苏辙匆匆办理了在籍进士的手续，回老家丁忧。

三年后，二十五岁的苏轼返京，参加由宋仁宗亲自主持的制科殿试，考了第一，入"制科三等"，宋代开国一百年，考上三等的，苏轼之前仅一人。苏轼考试的科目是"贤良方正直言极谏科"。发榜后，宋仁宗曾对曹皇后感慨：朕为子孙后代得了两位清平宰相啊！两位中的另一位指苏辙，他制科殿试入了四等。考试前考生们报名很踊跃，主考官开玩笑说，苏氏兄弟在此，你们觉得有希望吗？于是考生散去大半。考期临近了，苏辙偏又生病，宰相韩琦下令延期。这两兄弟的名望之盛可想而知。很快，他们的文章风格成了全国考生效仿的典范，故南宋有民谣云："苏文熟，吃羊肉；苏文生，吃菜羹！"

后来，苏轼以京官大理评事的身份出任凤翔签判，任期三年。嘉祐六年（1061年）的冬天，他走马上任。

苏轼在自己的职权范围内做了这几件事——疏浚东湖；建喜雨亭并写下《喜雨亭纪》；解决衙前役积弊，受到凤翔人的热烈称颂；衙门里他人缘好，同僚们亲切地称他"苏贤良"。

何以累君子

宋神宗熙宁初年（1068年），王安石变法，苏轼反对他。

王安石字介甫，北宋著名文学家、思想家、政治家。他力主变法立制，意在改变朝廷积弱积贫现状，富国强兵。先后推出市易法、青苗法、均输法、农田水利法、募役法、均税法等新法，以抑制豪强，增加国库收入。前后历时近十五年。苏轼同样主张变革，他曾对宋仁宗说："天下有治平之名，而无治平之实。"他形容国家像个病人，表面上能吃能喝能睡，实则病入膏肓，国弱民贫。虽然已立国百年，表面上维持着繁荣，其实危机四伏。鉴于大唐帝国盛极而衰的教训，北宋士大夫对此高度敏感，深忧日趋庞大的官僚阶层糜烂成习，消耗国家财政。二十年前，范仲淹等人发起"庆历新政"，首先拿官吏开刀，大声疾呼："先天下之忧而忧，后天下之乐而乐！"随着血气方刚的宋神宗支持王安石，两股大力相加，新法得以骤行天下。两三年间，七八个新法相继出台，涉及吏治、农业、兵役、赋税等诸方面。本来力倡变革的苏轼，却为什么站到了王安石的对立面，许是两人立足点不同——苏轼以民为本，王安石以国为本，二者矛盾了。

有一天，神宗皇帝突然在便殿召见苏轼，问以国策。苏轼一点儿不客气，当面"批评"宋神宗："进人太锐，听言太广，求治太急！"神宗听了很不舒服，好歹忍住了，仍温和地说："卿三言，朕当熟思之。卿在阁馆，当为朕深思治乱。"

苏轼忠君又责君，冒着危险反对神宗的治国大略，源于他反对万事操之过急，认为国家是得变，但欲速则不达。苏轼打比方说，要像白昼不知不觉变成黑夜，不能从严冬一下子进入酷暑。气温大起大落，肌体便承受不了。

熙宁四年（1071年）七月，苏轼出任杭州通判。

青苗法在杭州推行，利弊相交。其弊端不出苏轼所料，其一是欠官债的百姓无力偿还，牢狱人满为患。除夕，衙门按旧例清点犯人，苏轼高坐于堂，目睹衣不蔽体的小民惨状，心中酸楚油然而生。他写下《官厅题壁》，把悲哀留在州府墙上。其二是，苏轼巡视各县，发现年轻的农民将青苗贷款挪作他用，而非发展农业生产，不由叹息："杖藜裹饭去匆匆，过眼青钱转手空。赢得儿童语音好，一年强半在城中。"

江南产盐地，百姓却常常食无盐。苏轼写诗讽刺盐法，"岂是闻韶解忘味，迩来三月食无盐"。孔子闻韶乐，三月不知肉味。江南百姓无钱买盐吃，难道也是闻韶乐不知盐味吗？他不但写诗讥刺时政，还编辑成册，供朋友们传看。有个名叫沈括的官员，把苏轼的集子带到京城去了，由此埋下了他被贬谪的祸根。

熙宁七年（1074年），苏轼升密州知州。甫一上任就忙着治蝗灾，同时上书朝廷，请求减免密州的赋税。他甚至忙得在田坎上写公文，文不加点。密州穷，丛林大泽常有剪径的大盗，苏轼治了蝗灾腾出手来，对付这些绿林"大虫"，毫不留情。见到路边的草丛中多有弃婴，他便命令部属想办法收养，从官钱中拨专款给贫穷的母亲们，让她们至少能把婴儿养到一周岁。苏轼这么做的理由是：一年后母子生情，再也割舍不开了。仁慈的官员总能想出护民济民的仁慈办法。如他常带着官员们沿着城墙摘杞菊当菜吃，写下著名的《后杞菊赋》记述此事。在人间天堂杭州他瘦了，到密州这样的穷地方他反而胖了，"发之白者日益返黑"。

苏轼在密州城建造超然台。台成，他登楼畅饮，大醉。一轮明月在天，人影孤单在地。他思念阔别七年的弟弟，写下《水调歌头·明月几时有》："明月几时有，把酒问青天……"宋人笔记赞曰："东坡咏月词一出，余词尽废。"

苏轼要调走了，写诗嘱咐继任的孔太守："何以累君子？十万贫与赢。"又说："永愧此邦人，芒刺在肤肌。"他叹息，他愧疚，自己辖内的密州，还有十余万人贫困不堪，每一思之，犹如芒刺在身，卧不安榻，让继任知州受累了！其胸襟的广阔磊落，由此可见一斑！他为密州人做了那么多事情，临走却惭愧。真是一位心怀黎民的好官啊。苏轼和杜甫一样，注重民生，体察民情，很看重穷苦人。"奋厉有当世志"，要努力担当这个世界。并且相信，只要心有无穷美政，又何处不是密州，即使远赴它方，照样可以为百姓做好事，做实事。

熙宁十年（1077年），苏轼迁徐州知州。上任一个月，碰上大洪水。上游的澶州（今河南濮阳）黄河决口，徐州城南清河水一夜暴涨。灾情危急，苏轼反应迅速。他有两个大动作，一是严禁有车马的富户逃亡，扰乱人心；二是亲入武卫营请禁兵协助防洪。按宋制，知州对当地驻军并无指挥权。苏轼冒着大雨走到禁兵首领的住处，平时傲慢的首领感动了，命令全营官兵听候苏太守调遣。

冲力巨大的洪水日夜冲击着城墙，苏轼下令，调动几百艘公私船只，船中装沙袋，用缆绳放到城下，以缓解洪水冲力。这法子奏效，万民欢呼。苏轼指挥万人大会战，于险要处筑长堤，全长九百八十四丈，高一丈，阔两丈。堤成之日，距最大流量的洪峰到来只差几天。徐州城保住了。宋神宗闻奏大喜，下诏曰："昨黄河水至徐州城下，汝亲率官吏，驱督兵夫，救护城壁，一城生齿并仓库庐舍，得免漂没之害……朕甚嘉之。"苏轼爱民勤政，受到上至朝廷，下到黎民的一致肯定。

一肚子不合时宜

苏轼这个人，郁闷的时候要写诗，高兴了又口不择言。他平时在家里，有个摩腹的养生动作，众人开玩笑，说他的肚子里全是文章，唯有侍妾王朝云理解他说，先生一肚子不合时宜呢！

赴湖州的途中，苏轼按惯例写《湖州谢表》，岂知这篇例行公文竟惹出大祸。原来，朝廷里有一帮人一直在关注着他。其时王安石已经二度罢相，伤心地回了金陵老家。当年，一群大臣为国家前途的原则之争，现在变成了个人之间的攻讦与构陷。沈括将诗集仔细研究后，写成报告呈给监察部门，称苏轼"词皆讪怼"。御史台的几个人亦套用此伎俩向苏轼发难。御史中丞李定更是罗列了苏轼的一连串罪状，朝廷下令缉拿苏轼，李定派皇甫遵星夜赶往湖州拿人。

苏轼被押至京师的乌台。乌台是御史台的俗称，有关押要犯的牢狱，狱外古柏森森，栖息着千百只乌鸦，黑压压呱呱乱叫。苏轼入狱，遭狱吏诟辱通宵。

李定是乌台诗案的主审官，他绞尽脑汁罗织罪名，研究苏轼写下的每一个字。有一天上朝，他拦着王安石的小弟弟王安礼警告说，苏轼反对你哥哥，你可不能替他说话。王安礼拂袖而去。乌台诗案牵动四方，杭州、徐州、密州的百姓纷纷为苏轼祈祷，做"解厄道场"。后宫内，太皇太后曹氏、太后高氏都为苏轼求情。曹氏病重，神宗欲大赦天下为祖母消灾求寿，曹氏说，你也不用赦天下，只放了苏轼就够了。

神宗为苏轼的案子头疼。宋朝历来重视言官，御史台的言官们群攻苏轼，他不能不慎重考虑。他派出一个小太监潜至乌台，观察苏轼的动静。小太监回宫报告，苏轼每天睡觉鼾声如雷。皇帝一拍大腿——看来苏子瞻心中坦荡，并未藏奸嘛。这时候一个关键人物出来讲话了，他是闲居金陵的王安石。王安石说："安有盛世而杀才士乎？"一锤定音。乌台诗案结案，苏轼以团练副使的身份贬黄州（今湖北黄冈），不得签书公事。苏轼离开京城赴黄州，时在元丰三年（1080年）的正月新年。

一蓑烟雨任平生

黄州在大江之滨，苏轼暂居寺庙定惠院。他念佛，沐浴，梳头，钓鱼，采药，也长时间打坐，慢慢清理思绪。他顶住了压力，现在拆掉"千斤顶"，通身的感觉朝着自然与人事细腻流转——如此转身，叫人叹为观止。苏轼沐浴、梳头皆有讲究，比如梳头，早晨怎么梳，中午又怎么梳，都有区别。他采药，尝百草，攀峭壁，有后人编辑的《苏沈良方》传世。他的烹调手艺更不一般。君子不妨近庖厨，创制的美味佳肴数不清，今日尚有"东坡肘子""东坡肉""东坡鱼""东坡羹""东坡泡菜"等存世。他和渔夫樵父打成一片，软磨硬泡要听父老讲故事，还想听祖祖辈辈传下来的鬼故事，荆楚大地鬼魅多多，有屈原的作品为证。一个人，如果他既有经天纬地之才，又能醉心于周遭平凡事物，纵情于生活，那他就跟神仙相差无几了。苏轼《初到黄州》有云："自笑平生为口忙，老来事业转荒唐。长江绕郭知鱼美，好竹连山觉笋香。"东坡生前，已被人呼为"坡仙"。古代人杰，如嵇康、葛洪、李白，苦苦寻仙不得一见，身上却都有了仙气。

苏轼初到黄州，其实内心也很孤独。黄州知州徐君猷待他甚好，但仅限于为他安排居所，接触不多，毕竟他是罪臣。苏轼试图从孤寂中提取生命的能量。城郊有座安国寺，他常去焚香静坐，物我两忘。然而，生命的律动并未休止。苏轼向佛道，重两点：静与动。动辄得咎，退而为静，静又反观生命的律动，以期重新跃入生活的激流。现象学表明：没有纯粹的静观。苏轼求僧问道几十载，始终是静寂与律动的两栖者，他的努力方向就是把异质性的东西集于一身。他成功

《东坡笠屐图》

在路上，因为没有终点可言。他在写给朋友李常的书信中凛然道："道理贯心肝，忠义填骨髓，直须谈笑于死生之际……遇事有可尊主泽民者，则忘躯为之，祸福得丧，付与造物。"

"大江东去，浪淘尽，千古风流人物。故垒西边，人道是，三国周郎赤壁。乱石穿空，惊涛拍岸，卷起千堆雪。江山如画，一时多少豪杰……"这首作于黄州的《念奴娇·赤壁怀古》，豪放词中当推第一。

苏轼的历史感通接连着动静皆宜的人生思索，前后《赤壁赋》既是思索的产物，更是赋体散文的巅峰杰作。《前赤壁赋》："壬戌之秋，七月既望。苏子与客泛舟游于赤壁之下……少焉，月出于东山之上，徘徊于斗牛之间。白露横江，水光接天。纵一苇之所如，凌万顷之茫然。"画面如此动人，沉思又指向何处？"寄蜉蝣于天地，渺沧海之一粟。哀吾生之须臾，羡长江之无穷。挟飞仙以遨游，抱明月而长终。"

去往沙湖的途中，一场大雨不期而遇，同行的人都狼狈避雨，独苏东坡不徐不急。待雨停时，一阕《定风波》随性而出，即成千古绝唱。"莫听穿林打叶声，何妨吟啸且徐行。竹杖芒鞋轻胜马，谁怕？一蓑烟雨任平生。"对古今所有的逆境中人，《定风波》宛如一颗定心丹。"一蓑烟雨任平生"，"也无风雨也无晴"。这是一个巅峰人物的寻常体验，更是心灵冲破自我迷思的宣言。

苏轼贬黄州，还把几十万言的《汉书》抄了一遍。抄书是他的读书方法之一。苏轼的书法珍品如《黄州寒食帖》，是他随意而为的巅峰之作。为人、为官、为艺术，苏轼皆随意。这随意，伴随着永无止境的修炼。犹如杜甫的沉郁顿挫，李白的自由奔放，学是学不来的。有个叫周济的古人说："东坡每事俱不十分用力，古文、书、画皆尔，词亦尔。"

（北宋）苏轼《黄州寒食帖》

黄州的朋友越来越多，造访的客人走两个来三个，家里的开销捉襟见肘。苏轼又最怕朋友少，即便是乡野之人，农夫、白丁，只要上门了，他必定留客吃饭。他说："吾眼前见天下无一个不好人。"黄州这地方也不是年年风调雨顺，碰上旱灾雨灾怎么办呢？太守徐君猷又解决了苏轼的难题，把城东一块废弃的兵营拨给苏轼，约五十亩坡地。苏轼率领全家开荒种地，除荆棘，搬瓦砾，淘古井，合家老小挥舞着锄头扁担，每天累得一身汗。麦子种下了，初春一片新绿，入夏满目金黄。"东坡"诞生了。"苏东坡"三个字，从此响彻近千年的中国历史。法国《世界报》将苏东坡列为全球十二个"千年英雄"之一。日本、德国、法国、美国的汉学家，均惊叹苏东坡应对磨难的力量竟如此之大。

贬谪黄州，虽有艰辛，苏轼却不是愁眉苦脸过日子。此人先天快乐。他写诗，幽默而又豪迈："腐儒粗粝支百年，力耕不受众目怜。"昔日锦衣玉食的官员，如今下苦力轻描淡写，凸显给世人的，除洒脱心性，更有沁人心脾的诗意。雪堂四壁的雪景出自他的画笔。堂前匾额四个大字"东坡雪堂"，是他的手迹。这高雅之处却是谁都能来，城里的穷秀才，村中的流浪汉，蹭酒喝的，打秋风的。须知耕种绝非易事，家中十余口，没一个是种田好手，苏东坡事事请教老农，东坡附近的农民都成了他的朋友。有一天他在雪堂忙碌，等客上门，忽然说："吾上可陪玉皇大帝，下可陪卑田院乞儿。"能出此语者，古代恐怕只有西蜀眉山的苏东坡。他能穿越社会各阶层，洞察各领域，以伟岸之躯融入茫茫大地，既汲取能量，又广施悲悯。

天真烂漫是吾师

苏轼贬到黄州，一变而为苏东坡。他在民间，在野地，在爱情的光照中，在亲友的环绕下，出乎意料地精神抖擞，形象鲜明，盖过了他作为官员留给人的好印象。历史上像他这样的官吏并不罕见，但是作为顶级艺术家，作为人的韧性、丰富性的阐释者，他是罕见的。身处逆境而笑声爽朗，一般人做不到，所以称他坡仙。他浑身散发的仙气和李白有不同：李白天马行空大鹏展翅，而东坡归属大地的广袤与丰厚。

李太白像天仙，苏东坡如地仙。

宋神宗驾崩，小皇帝哲宗只有十岁。高太后摄政，下旨任命苏轼知登州（今山东蓬莱）。苏轼领旨，举家掉头向山东。走了三个月，登州任上仅五天，新的任命复至：升苏轼为礼部郎中。全家人床还没睡热呢，又起程了。不过苏轼动作快，五天干了两件大事：请求朝廷变更当地的军事部署，免除食盐专卖。他终极的政治理想是富民强国。他还抽空到海边看了海市蜃楼，写下长诗《海市》。登州人怀念他，说："五日登州府，千载苏公祠。"

苏东坡刚到京师就升为中书舍人，在宰相手下干活。半年后，再升翰林学士知制诰，负责起草圣旨。还朝不到一年，他成为舆论的焦点，当时政局复杂，司马光主政，朝着"贤人政治"的方向努力，他德高望重，尚能够控制局面。

司马光执政一年后逝世。司马温公之后，苏子瞻是全国首屈一指的大名士。欧阳修之后，苏东坡又是公认的文坛领袖，书画宗师。

"论画以形似，见与儿童邻。"绘画的变形、重神似，苏轼是先驱者

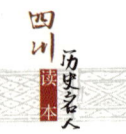

（北宋）苏轼《枯木怪石图》

之一。黄庭坚说："蜀人极不能书，而东坡独以翰墨妙天下，盖其天资所发耳。"苏轼讲他写字的感觉："吾酒后乘兴作数十字，觉酒气沸沸从十指出也。"又说："诗不求工字不奇，天真烂漫是吾师。"

好个天真烂漫！

元祐四年（1089年），苏轼出任杭州知州，重游西湖，但他这个人，为官要做事的，决不会忙着去享受。杭州一年半，他治运河，开六井，浚西湖，筑苏堤，设"安乐坊"治病救人，惩治有官方背景的黑帮头目。他张弛有度，忙里偷闲游山戏水，居然把办公桌搬到西湖边上，"欲将公事湖中了"。

当时西湖淤塞过半，苏轼连上奏书请求朝廷拨专款整治。他军政两摄的特殊身份，使他能调动官兵协同数万民工奋战西湖。为赶工期，他不分昼夜地巡视在工地上，吃民工饭，喝民工水，一点不勉强。杭州之有西湖，苏轼居功第一。命名，写诗，疏浚，堪称三部曲。难怪杭州人在他活着的时候就为他建生祠，家家户户供他的画像，"饮食必祝"——喝水吃饭皆为他祝福。

元祐五年（1090年），杭州洪涝之后又遇大旱，疫病流行。苏轼手头的宝贝药方"圣散子"派上了大用场。药价相当便宜，一服只收一文钱，救活了很多人。

接下来，苏东坡出知颍州（今安徽阜阳）、扬州，各有建树，堪称勤政爱民。他爱民的冲动源远流长，有权无权都一样，只不过权力在手，作为更多而已。颍、扬各半年后，朝廷告下：苏轼以兵部尚书召还，又兼端明殿学士兼侍读，做哲宗皇帝的老师。

苏轼五十岁以后的命运被三个人所决定，一为高太后，二为宋哲宗，三为章惇。章惇是个蛊惑力极强的人，玩小皇帝于掌股之中。

不辞长作岭南人

元祐八年（1093年）秋，苏轼生命中的两个极重要的女人相继而去：王闰之病逝，高太后骤亡。高太后临终前，安排苏轼出知定州。苏轼在接踵而来的悲痛中启程。按惯例，封疆大吏离京前要面辞皇帝，哲宗却找借口不见他。定州是军事重镇，苏轼干了一年多，军政两摄，渐渐理出头绪。

绍圣元年（1094年）十月，朝廷告下：苏轼责知英州（今广东英德）。按宋制，"责知"某地，马上就要启程的。一夜间全家卷铺盖。走出几百里，第二道命令又至：降为从六品官。走到南都城外，苏轼写信给朋友说:"旦夕离南都……英州之命,未保无改也。"果然,六月走到安徽的当涂,第三道谪命来了:惠州安置。苏轼被降为罪臣。三改谪命,都是章惇所为,此曰"道贬"。苏辙也被章惇赶出了汴京,贬向岭南。秦观、黄庭坚等"苏门学士"均遭贬黜。

九月,苏轼过大庾岭。岭在今江西省大余县南,广东省南雄市北,号称大庾五岭,分隔内陆文明与南国炎荒。由于宋太祖立下家法不杀大臣,惩罚最重的,就是贬到岭南去。

公元1094年十月,苏轼抵惠州,暂住合江楼,生活清苦。惠州是个小城,客家人居多,发音奇特,内地人听不懂。苏轼将息数日后,开始用他一贯平和而又幽默的眼光打量周遭了。他在写给苏辙的信中说:"惠州市井寥落,然犹日杀一羊,不敢与仕者争买。时嘱屠者,买其脊骨耳,骨间亦有微肉……意甚喜之,如食蟹螯。"写信不谈别的,专说吃羊脊骨的方法,如何炙烤,如何用木针挑出骨间的微肉,给人美滋滋、香喷喷的感觉。末尾却说,这么细致挑吃羊骨,"则众狗不悦矣"。

佛印大和尚写信来安慰他。这是历代高僧最著名的书信之一:"子瞻中大科,登金门,上玉堂,远于寂寞之滨,权臣忌子瞻为宰相耳。人生一世间,如白驹过隙,三二十年功名富贵,转盼成空,何不一笔勾断,寻取自家本来面目……子瞻若能脚下承当,把一二十年富贵功名贱如泥土。努力向前,珍重,珍重!"大彻大悟的和尚,也给了苏轼一份力量。苏轼善于各方借力,不管是在书本上,还是在生活中。融会贯通中国文化的精髓,修炼成钢铁骨头。他甚至学会了向苦难借力。次年,东坡吃上惠州的荔枝了,挥笔写诗:"罗浮山下四时春,卢橘杨梅次第新。日啖荔枝三百颗,不辞长作岭南人。"

（北宋）李公麟《扶杖醉坐图》

东坡和惠州人打成一片，源于两件事：一是造桥，二是种药。连接东江两岸的原是一座简陋的浮桥，江流湍急，每年都有不少人落水，被浪头卷走。东坡建议修桥，惠州官府却苦于拿不出钱来。东坡写信给子由，动员弟媳史夫人拿出皇宫多年的赏赐、价值数千金的传家宝贝，派人急送惠州。桥成之日，东江两岸全是欢呼声，百姓喜极而泣：东坡先生早一点到惠州该有多好！东坡写诗《西新桥》，描绘盛况："父老喜云集，箪壶无空携。三日饮不散，杀尽西村鸡。"

惠州瘴毒弥漫，常有疫病流行，而当地人不大懂得医药。东坡率先种药，托人从广州买药材，居所前后种满了药材。他又开方瞧病做起了郎中。经他带动，惠州从此药材渐多，郎中渐多。他还把江南的"秧马"技术带到岭南；他替广州人设计"自来水工程"，缓解了广州的饮水困难。有人实在不理解他，"无病而多蓄药，不饮而多酿酒，劳己以为人"，这是干吗呢？东坡笑笑回答，他干这些事全是为了自己："病人得药，吾为之体轻；饮者困于酒,吾使之酣适,盖专以为己也。"

一朵鲜花凋谢在惠州。王朝云死于瘴毒,东坡种了那么多的药,却未能挽救她的生命。

贬惠州的第三年,东坡在白鹤峰营造新居,打算长住。长子苏迈带着他的三个孙子,以及苏过的妻儿到惠州来了。东坡心情好,又展露仙容了,欣然命笔:"白头萧散满霜风,小阁藤床寄病容。报道先生春睡美,道人轻打五更钟。"这首题为《纵笔》的小诗传到京师,章惇笑道:苏子瞻还这么快乐吗?贬他到儋州去。一纸令下,苏轼全家人恸哭于江边。东坡贬惠州,两年零七个月。传说东坡过海,船上放着一副空棺。

儋州比惠州更荒远,山林荫翳,燥湿多雨,瘴毒弥漫。东坡喜欢吃肉,但儋州无肉可吃。他的居所是几间破官舍,比杜甫的茅屋更糟糕,不仅漏雨,还漏树叶。有时早晨在风雨中醒来,满身都是湿漉漉的黄叶,"一夕或三迁","黄叶落枕前"。地方官员张中看不过去,冒着暗助罪臣的风险,找借口用官钱修缮了破官舍伦江驿。后来张中因此获罪,掉了官帽。

居无所,食无肉,读无书,写字作画没纸墨……张中又帮他介绍当地的黎族朋友。东坡学海南土语,黎人学他用眉山语音讲的"官话"。时至今日,海南儋州市仍有两个村庄讲眉山话。东坡性好动,没朋友很难受的。他终于有了朋友,其中像黎子云兄弟等十多人,帮他搭建了"桄榔庵"。他沾酒就上脸,小孩儿觉得他好奇怪,追赶着争相看他,他扭头一笑,诗已出口:"寂寂东坡一病翁,白须萧散满霜风。小儿误喜朱颜在,一笑那知是酒红。"

海南常有雨，忽来忽去的。黎人送他斗笠和木屐，走路吧嗒吧嗒，斗笠遮去漫天风雨。当时有无名画家作《东坡笠屐图》，观者感动欲掉泪时，却又不自觉地微笑。孔子、庄子、陶渊明，连同一地风俗满目黎庶，流入苏东坡的血液中。

苏东坡在儋州开始讲学了，皇帝的老师，转而教诲黎家子弟。椰林深处书声琅琅，课本却在东坡先生的脑海中。苏东坡教出了海南有史以来的第一个举人：姜唐佐。唐佐原是琼州（今海南海口）人，过海求学，临走向先生乞诗，东坡写下两句："沧海何曾断地脉，珠崖从此破天荒。"并许愿说，等唐佐考上了举人再写后两句。后来姜唐佐高中，先生已在九泉。苏辙续写成篇："锦衣不日人争看，始信东坡眼力长。"

天容海色本澄清

朝廷又起变故。宋哲宗二十四岁驾崩，宋徽宗上台，章惇随之失势，被贬到雷州去。公元1100年的六月，苏东坡奉诏北还，离儋州，黎人数百哭送于海边。东坡走到广西，却传来秦观的死讯。东坡最得意的弟子英年早逝，老师欲哭无泪，数日食不下咽。章惇的儿子章援，写一封长信呈给东坡，言辞诚恳，言下之意希望东坡登相位放过他父子。东坡就地回复，也是一封长信，提及章惇时说："某与丞相定交四十余年，虽中间出处稍异，交情固无增损也。闻其高年寄迹海隅……"书信背面还写了专治瘴毒的药方，荐与谪居雷州的章惇备用。面对这个曾经弄得自己家破人亡的人，他在有能力报复的时候却轻轻一挥手，宽恕了对方，还提醒对方在岭南荒凉地保重自己。通过他，我们才知道，悲天悯人并不是一句高调的空话。

公元1101年的六月中旬，船行于运河赴常州，两岸百姓上万人争睹东坡的风采。他头戴小帽，身穿小背心，坐在船舱里，环顾左右说："莫看杀轼否！"江南百姓祝他早日做宰相，造福于天下。

七月，船舱里异常闷热，东坡先生腹泻。老友钱世雄及儿孙在他身边，抵常州登岸。苏东坡曾在常州买过一所房子，却听街上的老太太哭儿子不孝卖掉祖业。细问之下，方知原来他是买主，于是把房子退还老太太，购房款也不要了。现在，病转沉重的东坡住进城里一个朋友家，叫孙氏馆。三个儿子迈、迨、过，环侍病榻。他长时间瞅着李公麟为他画的像，旁边有他的题诗："心似已灰之木，身如不系之舟。问汝平生功业，黄州惠州儋州。"

"云散月明谁点缀？天容海色本澄清。""九死南荒吾不恨，兹游奇绝冠平生。"这是他对惠州、儋州五年生活的总结。加黄州恰十年。

苏轼病情恶化，自知难起，唤三子于床前，说："吾生不恶，死必不坠（地狱）。"杭州高僧维琳赶来了，俯到他耳边大声道："端明勿忘西方。"东坡答："西方不是没有，但个里着力不得。"钱世雄喊："至此更须着力！"东坡闭目答："着力即差！"钱世雄还要问："端明平日学佛，今日如何？"东坡答："此语亦不受。"溘然长逝。时为公元1101年8月24日（农历七月二十八日），苏东坡享年六十四岁。

东坡的弟子李廌在祭文中说："道大莫容，才高为累。皇天后土，鉴平生忠义之心；名山大川，还千古英灵之气！"

苏东坡具有总体把握生活的能力,纵向千年,横向万里,将中国传统文化核心要素集于一身。荷尔德林的如下诗句,或许可总括其一生:

"思想最深刻者,热爱生机盎然。"

（刘小川　撰稿）

[延伸阅读]

王弗

苏东坡的发妻名王弗。她二十七岁的猝然离世让这位大文豪深深体验到了生离死别的悲怆与无奈。熙宁八年（1075年），任密州（今山东诸城）知州的苏轼写下《江城子》："十年生死两茫茫，不思量，自难忘，千里孤坟，无处话凄凉。纵使相逢应不识，尘满面，鬓如霜。夜来幽梦忽还乡，小轩窗，正梳妆。相顾无言，惟有泪千行。料得年年肠断处，明月夜，短松冈。"七十个字，说尽无穷思念。

杭州"老市长"

苏轼有一首七绝，二十八字写尽湖光山色之美："水光潋滟晴方好，山色空蒙雨亦奇。欲把西湖比西子，淡妆浓抹总相宜。"故后人有言，写西湖，这首《饮湖上初晴后雨》公推第一。苏轼之前，西湖本无定称。郦道元注水经，称其为明圣湖；唐人传说湖中有金牛，称金牛湖；白居易治湖，筑石函泄水，百姓因敬爱太守而称石函湖；宋初称放生湖。苏轼此诗一出，西湖之名铁板钉钉，广为流传。故此，而今杭州人称苏东坡为"老市长"。

时尚达人

苏轼不仅是中国文化的集大成者，还是个引领时尚的达人。公元1087年前后，苏轼在汴京自创了一种帽子，高筒，短檐，至他戴过几回，全城都流行起来，呼为"子瞻帽"。京城的儒生，外地的考生，都要戴一顶子瞻帽，清一色的子瞻帽流动于大街小巷。皇宫里伶工演杂戏，两个优伶各戴子瞻帽，互相夸耀学问，小皇帝也看得入迷。

"近作小词，虽无柳七风味，亦自是一家。呵呵！" 这是苏轼在密州给友人的信中所写，他时常喜用"呵呵"。红极一时的网络语，原来也曾是苏东坡率先使用的口头禅。

东坡与王安石

贬黄州近五年后，苏轼量移汝州，途中畅游庐山，写下《题西林壁》："横看成岭侧成峰，远近高低各不同。不识庐山真面目，只缘身在此山中。"金陵的王安石听说苏轼要来，激动了好几天。他亲自到江边迎接，苏轼登岸施礼，说：轼今日野服拜见大丞相！王安石执苏轼的手笑道：礼数是为我辈而设的吗？二人大笑，一句话胜千言，泯去旧日的恩恩怨怨。宋代文化巨人的胸襟气度，可见一斑。过了一个月，王安石送别，望着苏轼的背影喃喃自语："不知更几百年，方有此等人物！"

杨慎：耿介状元 铁骨成仙

杨慎（1488年—1559年）

字用修，号升庵，四川新都人。《明史》有传，生平大起大落，积极努力为中华民族成长，为西南边陲地区中华文化发展做贡献。明代政学两界在杨慎《墓铭》中赞颂其人："先生之生，岷蜀之精；先生之出，朝庙之英。""文拟班扬，学侔游夏。"

杨慎主要行迹

出身名门　状元及第

明孝宗弘治元年（1488年）十一月初六日，杨慎生于顺天府（今北京）孝顺胡同。杨家此时颇为兴盛，祖父杨春、父亲杨廷和皆身居要职，三叔父中弘治十二年进士，二叔父和五叔父先后中弘治十一年和弘治十四年举人。

杨慎出身书香门第，官宦之家，自其曾祖父起，一门五世为官；自其祖父杨春始，四代出了六个进士一个状元。父亲杨廷和历仕三朝，任首辅十八年，乃一代重臣，勋业文章称颂一时。四川有"相如赋、太白诗、东坡文、升庵科第"之说，可见杨家煊赫之盛况。而明代科举尤重进士，"非进士不入翰林，非翰林不入内阁"，即使偶有不是进士的人与进士官阶一样，也"不敢接席而坐，比肩而立"。

杨慎自幼聪慧好学，过目不忘。弘治十二年（1499年）正月，杨慎母亲黄夫人病故。两个月后，祖母叶太夫人又在他祖父致仕返乡途中病逝。四月，杨慎随父亲第一次回到新都守丧，居留两年。在此期间，他除随祖父学《易》，还遍览古籍，赋诗作文，学问大进。十一岁写出了"笑谈翻成局，月白映红灯"的诗句；十二岁拟作《吊古战场文》，写出了"青楼断红粉之魂，白日照翠苔之骨"的警句。

弘治十四年（1501年）四月，杨慎随父返京，途经汉中、西安、邯郸等地。回京后，所作《黄叶诗》轰动京城，被当时文坛领袖、内阁首辅、大学士李东阳读后，"见而嗟赏，令受业门下"，并称他为"小友"。

正德二年（1507年）春，杨慎返回新都，准备参加秋天举行的乡试，后荣登榜首。随后，他和成化进士、礼部主事王溥之女举行了简朴、清素的婚礼。婚后，杨慎在家乡住了两个月，于十一月偕夫人同回京师。

按规定，乡试中举的士人，次年要到京师参加会试。主考官内阁大学士王鏊和吏部尚书梁储看了杨慎的试卷，将其列为首选。不料烛花掉下烧坏了考卷，怕送皇帝评阅有碍，以致遭到淘汰，名落孙山。杨慎倍感惆怅，写下了"空吟故国三千里，悔读《南华》第二篇"的诗句。但他没有泄气，三年后，再次参加会试，名列第二。四月参加由皇帝主持的殿试，杨慎援史融经，洋洋洒洒，一气呵成。武宗朱厚照任命的阅卷官李东阳、刘忠、杨一清读罢，相与称赞"海涵地负，大放厥词"，共庆朝廷得人。武宗十分高兴，把杨慎置为殿试第一，也就是状元，授翰林院修撰。

文章克称乎科名　　慎修允协乎名字

翰林院是朝廷储备人才的地方，官员均选拔殿试名列前茅者充任，享有博览群书的便利，以备皇帝咨询。入翰林院的官员被视为储相，很容易当上宰相。因此杨慎一入仕途，即前程光明。他官阶虽不高，属从六品，但可以出入皇家图书馆，博涉百家，获得了丰富的知识，为他后来从事学术研究打下了坚实的基础。

正德八年（1513年）七月，杨慎继母喻夫人卒于京师。由于政务繁忙，杨廷和不能离朝，只好由杨慎夫妇扶棺回乡。正德十年（1515年）十二月，杨慎服丧期满，取道嘉定（今四川乐山），经江陵（今湖北荆州）还京。正德十一年（1516年）二月，杨慎任经筵展书官，专为皇帝讲读经史。但因武宗很少视朝，经筵也经常停止，展书官也就成了个荣耀的闲职。

武宗是个不受传统束缚的皇帝，他厌倦宫廷生活，喜好骑马射箭，崇尚武功。即位以来，先宠信太监刘瑾，使国法纲纪崩坏；后宠爱娴于弓箭的钱宁和擅长技击的江彬两个奸佞宦官，国事日非，危机四伏。钱宁怂恿武宗在皇宫内建豹房，搜罗珍玩，供养女人。江彬陪武宗狩猎，在大内练兵。杨慎忧心忡忡，写下了"千里可怜同此夕""云际侧身愁北望""肯信紫台玄朔夜，玉颜珠泪泣琵琶"等诗句进行谴责。武宗的任性胡来，使杨慎悲愤不已，进而称病，于当年冬告假还乡，偕王夫人回到了新都。

在此期间，杨慎家事也很不顺，先是爱子耕耕夭亡，随即王夫人因失子之痛，哀伤成疾，于正德十三年（1518年）七月七日傍晚去世，十月葬于新都城外恩波阡。政治上的失望和丧偶的忧伤交织在一起，使他倍感孤独。而此时，武宗的嬉玩之心愈加浓厚。对武宗所为，杨慎身在故里，无能为力。

王夫人去世后，未留子嗣，家中为他续娶黄峨为妻。黄峨是四川遂宁人，字秀眉，幼习诗书，博通经史，娴于诗文，尤擅散曲，闻名遐迩。父亲黄珂是成化二年（1466年）进士，官至工部尚书。母亲出身名门，知书识礼。杨慎和黄峨在新都城西旧宅举行了婚礼。明代文学家徐渭赞颂他们一个"著述甲士林"，一个"才艺冠女班"，两人的婚姻可谓天作之合。他们在桂湖边过了一段诗情画意的生活。婚后次年，黄峨陪杨慎回京复职。

正德十六年（1521年）三月，武宗死于豹房，因其无子，由杨廷和定策，皇太后准允，迎立兴献王朱祐杬的儿子武宗堂弟朱厚熜入继帝位，是为世宗。四月，世宗即位，改元嘉靖。

世宗即位后，杨慎仍担任翰林院修撰，经筵讲官。世宗改元后，按例要祭祀百神。嘉靖元年（1522年）二月，杨慎奉命回蜀，代祭江、河、淮、汉等水神及蜀地陵墓。四月，他和夫人黄峨一起回到四川，在成都举行祭祀，写了《江祀记》，提出"善政明神依，失政民罔依"的观点，认为朝廷对民众施行善政，神灵就会降福，而不在于祭祀。之后，他游览了成都浣花溪，与朋友载酒赋诗，互相唱和。从"烟霞谁做主，鱼鸟自相亲"的诗句中，可以看出他当时的愉快心情。离开成都，他陪黄峨回遂宁省亲，住了数月，至十二月才启程返京。

嘉靖二年（1523年），杨慎回京复命后，仍回翰林院，参与纂修大学士蒋冕、费宏任总裁的《武宗实录》。他熟悉朝廷典章制度，对武宗朝史事从不避讳粉饰，忠于历史，秉笔直书。蒋冕、费宏对杨慎的史识和史才十分赞赏，把书稿交他刊定。当时，杨慎在翰林院六年正好任满，吏部的评语是："文章克称乎科名，慎修允协乎名字。"也就是说他的文章与状元名实相符，自律修养和他的名字一样，高度肯定了他的才华和品德。

不避斧钺　两受廷杖

明宪宗朱见深有十四个儿子，第三子朱祐樘即帝位，是为孝宗弘治皇帝；第四子朱祐杬被封为兴献王，王府在湖广安陆府钟祥县（今湖北钟祥）。孝宗传位于朱厚照，即武宗正德皇帝。朱祐杬死后，其子朱厚熜袭封兴献王，后承继帝位。他是朱厚照的堂弟，是以皇室"兄终弟及"的方式登上皇位的。按照封建宗法制度，皇族嫡长子为大宗，为帝统，是皇位的继承者；其他皇子是小宗，为旁支，只能分封为王。朱厚熜不属于大宗宗系，而是属于小宗兴献王宗系，属于外藩亲王入继帝位，按照皇统继承规则，他要承认孝宗朱厚照是"皇考"，即父亲，祭祀于太庙；自己的生父只能称"本生父"或"皇叔父"。

朱厚熜以外藩入继帝位，年仅十五岁，自然知道祖宗家法对支系的限制，内心深处的自卑和不安驱使他即位后第六天，即下诏群臣议定生父朱祐杬为"皇考"，即按皇帝的尊号和祀礼对待，以提高亲生父母和本家家族的地位。这就是史称的"大礼议"。但杨廷和认为，按帝系继承制度，以小宗入嗣大宗，由旁支入继正统，由兴献王宗系过继到孝宗宗系，以伯父母为父母，以亲生父母为叔父母，这样既继统又继嗣。也即当族系与帝系不一致时，须以国为重，遵从皇统。但世宗却想"继统不继嗣"。为了皇室世系的稳定，杨廷和与群臣多次抗旨上疏，始终不肯顺从。世宗对大臣掣肘而不能如愿甚是不快，也坚执不从，君臣相持不下。

正德十六年（1521年）七月，七试不第、刚中进士的礼部观政张璁等下层官员为迎合帝意，攀附权奸，支持"继统不继嗣"。世宗大悦，但杨廷和表示不敢阿谀顺旨。九月，皇帝的母亲王妃蒋氏从安陆进京，到通州后听说尊称未定，不肯入城，世宗以"避位奉母归藩"相要挟。杨廷和等人不得不让步，以皇太后懿旨，追尊兴献王为兴献帝，蒋氏为兴献后。但到了十二月，世宗指示内阁，兴献帝后皆加称"皇"字。杨廷和及群臣不从，世宗不得已，只得正式下诏，称本生父母为兴献帝、兴献后，称孝宗为"皇考"，慈圣皇太后为圣母。大礼初定，但斗争仍在继续。世宗虽已把父母改称"帝""后"，但还不是"皇帝、皇后"，新建宗系的目的仍未实现，于是屡下手谕，派身边宦官四处活动。

南京刑部主事桂萼支持张璁，揣测世宗继统不继嗣之意"早已定于圣心"，于是上疏请改称孝宗为皇伯考，兴献帝为皇考，单独立庙于宫内。世宗大喜，手批次年正月议行。嘉靖三年（1524年）二月，杨廷和见世宗不听劝谏，觉得中兴无望，屡次上疏要求退休。世宗早嫌这个"定策国老"束缚手脚，顺水推舟，准其辞职。杨廷和的离去是大礼议的一个转折点。张璁、桂萼有皇帝为后台，顿时得势，被特旨召至京城。五月，两人抵京，被封为翰林学士，反对的官员或下诏狱，或下锦衣卫狱，议礼斗争日趋尖锐。

杨廷和退休回乡时，曾嘱咐杨慎千万谨言慎行。返家后仍放心不下，在寄给儿子的曲子中说："端做闲官，只守闲官。常守三缄口，常怀一寸丹。怕人情翻覆波澜。"但杨慎不怕杀头，在张璁、桂萼被封为翰林学士后，与三十六人联名上疏辞职，不愿与张、桂同列共事。世宗被激怒，给予三十六人停发俸禄的处罚。杨慎不服，一个月后，又上疏劝谏，但世宗置之不理，一意孤行。七月十二日，下诏改称生父为恭穆皇帝。杨慎等朝臣抗争不从，认为"国家养士一百五十年，仗节死义，正在今日"。约集廷臣二百二十九人，跪伏左顺门力谏。世宗龙颜震怒，"命执首八人下诏狱"。消息传出，群情激愤。杨慎和检讨王元正在金水桥、左顺门一带大哭，抗议非法逮捕朝臣，声震宫廷。世宗更加愤怒，将没有退走的杨慎等一百三十四人全部逮进诏狱，并罚以当廷杖击，杖死十六人。十日后，世宗余怒未消，获悉是杨慎、王元正和给事中刘济、安磐等七人纠众摇门大哭的，命令将这几人再次廷杖，张原当场杖死，杨慎差点毙命。最后他和王元正、刘济被谪戍，其余削籍为民。

左顺门事件是明代规模最大的一次朝臣请愿活动。但皇权至上，一道圣旨就将其粉碎。世宗九月更定大礼，建立了新的帝系。杨慎在大礼议中站在父亲杨廷和一边，为维护皇统仗节死义，得罪了皇帝，被罚"永远充军烟瘴"，至死不赦。

万里谪戍　流放永昌

杨慎的流放地原在山西雁门，这里虽苦，但比当时尚是"蛮荒之地，瘴疠之乡"的云南要好些。京师流传的民谣说，"宁充口外三千里，莫充云南碧鸡关"，世宗就是从廷臣那里听到这个民谣后，为了解恨，把杨慎充军到云南永昌（今云南保山）的。

杨慎第二次受廷杖，旧创未愈，新伤又生，不等他痊愈，世宗即令他离京去滇。他因伤不能行走，只能躺在囚车上，由妻子黄峨伴行。

一路行来，很多地方杨慎均留有诗作，记述途中艰险、自然风光。到金陵（今江苏南京）后，经采石（今安徽马鞍山境内），溯江西，入

成都新都升庵祠中再现杨慎滇云讲学的泥塑（喻磊　摄）

洞庭，至江陵。在这里，他看到妻子风尘满面，疲惫不堪，不忍心让她再向前护送，力劝妻子回新都老家。黄峨答应乘舟归乡，杨慎与爱妻相别，不知何日再见，顿感凄凉，想到此去南中，山高路遥，鸿雁难至，从此与妻子各在天涯，写下了《江陵别内》："……山高烟瘴多，鸿雁少经过。故园千万里，夜夜梦烟萝。"黄峨回到新都，看到桂湖景物依旧，物是人非，也写了一首怀念丈夫的《七律·寄外》："雁飞曾不度衡阳，锦字何由寄永昌？三春花柳妾薄命，六诏风烟君断肠。曰归曰归愁岁暮，其雨其雨怨朝阳。相闻空有刀环约，何日金鸡下夜郎？"

杨慎从江陵登岸，带着未愈的杖伤，独去湘黔。他走的是"自湖广常德府入贵州镇远府，以达云南曲靖府"的入滇中路。他经公安、醴州，至常德、武陵，记下了经过的地名和里程，写下了不少纪行诗。武陵曾是屈原的流放地，渡过沅江，过了辰溪，再渡沅水至沅州，就是王昌龄被贬的龙标和五溪。再往前，进入贵州，即是李白被贬的古夜郎地。想到自己的处境和抱负，杨慎不禁感叹"我行更迢递，千载同潜然"。从晃州出发，穿过苗族地区，到达镇远，在新添过了春节，经威清、平坝，在罗甸过了元宵，然后继续上路。经普定、安庄而达查亭、白水，越关索岭，渡过盘江，再经交水、马龙、杨林、板桥，于嘉靖四年（1525年）正月底抵达昆明。前后历时半年，行程万里，杨慎已疲惫不堪，伤病也未痊愈，原想留下就医用药，稍作休整，但云南巡抚黄衷不敢让他停留，他只得强撑病体，继续上路。

从昆明到永昌还有二十四个驿站，六百公里。过定西岭也即白崖时，山势异常陡峭，登岭下坡都要手拽大绳，加之大雨路滑，更是危险。杨慎爬过白崖，夜晚投宿在破漏的茅屋，听到邻居家正为打柴的女儿被猛虎吃了而悲啼，心里异常悲痛。

过了白崖即进入大理。这里风光秀丽，居民以白族为主，习俗与中原大异。他感到无比新奇，大自然的美景和异域风情使他暂时忘却了旅途的艰辛和内心的忧伤。过龙尾关，经漾濞、永平，再过澜沧江兰津桥，终于到达永昌。

抵达永昌时杨慎已是面黄肌瘦，皮皱脱形，几乎不能站立。他谪戍永昌是"永远充军烟瘴"，名隶军籍。他先去军中报到。由于好友张含和永昌知府严时泰的帮助，杨慎没被派去边地戍所受苦，而在永昌军中充当文书。

严时泰为杨慎安排了住宅，为他寻药治伤，与他同游山水，待若宾客，使杨慎倍感温暖。他去拜访了张志淳，张志淳也为他准备了住屋。他常与张含一起出入，赏花品茶，诗文唱和，一起寻访哀牢故迹，探求九隆遗踪，情如兄弟，形影不离，使他内心获得了些许安慰，但他终究是一名罪卒，内心深处还是觉得孤独落寞。

作为少负盛名的状元，杨慎之名早在滇中流传。谪戍云南后，当地大多数官员对他深表同情。到永昌军中报到不久，云南巡抚郭楠就与严时泰商量，将他安排到安宁养病，还特地修建了云峰书院供他居住。郭楠还上疏世宗，请求赦免议礼诸臣，"复生者之职"。后来郭楠因此遭到廷杖、削籍，但是他救了伤病缠身的杨慎。安宁山水清幽，温泉名冠滇云，有"南中古殿"曹溪寺，距昆明仅四十公里。在此休养，对杨慎的恢复很有利。安宁太守王白庵对杨慎很崇敬，特意在城东建造了一座遥岑楼供他居住。杨慎听说附近有碧玉池温泉，久沐能治沉疴，便经常去那里沐浴。此泉也许真有疗效，他的杖伤就是在安宁养好的。他对碧玉泉感情很深,在《温泉诗序》中,他称道碧玉泉"绝胜华清矾石泉",并为它题写了匾额"天下第一汤"。

这一切只给了杨慎暂时的欢乐。他不甘屈居一隅,希望被朝廷起用,实现自己的政治抱负:"男子志四方,焉能守一丘?壮游轻万里,逸迹凌九州。""焉得云霓驾,托乘从霄浮。"

诗酒唱和　佯狂自保

嘉靖五年(1526年)六月,父亲杨廷和患病,杨慎非常着急,在云南当局的默许下,他单人匹马从小路赶回新都探视。他在《乌蒙铺》一

成都新都桂湖公园中的杨慎塑像(喻磊　摄)

诗中，记述了古僰道是"绝壁千重""虎啸猿啼"。但他归心似箭，仅用十九天就奔回新都。亲人相见，悲喜交集。杨廷和因爱子归来，十分高兴，疾病痊愈。杨慎在家居住一月有余，得到父亲同意，携黄峨同往云南。

回云南后，杨慎仍居安宁。当年十一月，寻甸土司安铨因知府马性鲁加倍征粮，又裸挞其妻凤氏，举兵叛乱，攻陷寻甸、嵩明等县。十二月，凤氏堂兄、武定土司凤朝文举兵参与叛乱，与安铨合围昆明，滇中震动。杨慎得知，身穿戎装，"率僮奴及步卒百余，驰赴木密所"，与镇守木密（今云南寻甸易隆）的副使张峩用计击破叛军，平定了叛乱。

嘉靖七年（1528年）八月，杨慎突然接到父亲杨廷和在新都病故的消息，请求云南巡抚欧阳重替他申请回籍守丧，但朝廷只许他奔丧，不许守丧。杨慎和黄峨回到新都，以庶人之礼埋葬了父亲。之后，他把黄峨留在新都主持家政，自己于十一月孤身返回云南。

杨慎谪戍云南后，在京师由议礼引发的斗争仍在继续。杨廷和致仕后，由费宏担任首辅。世宗多次暗示内阁集体推荐张璁、桂萼入阁，但费宏站在杨廷和一边，以各种借口另推他人，使张、桂不满，极力诋毁。嘉靖六年（1527年）二月，两人指使锦衣卫百户王邦奇以边事诬陷杨廷和及尚书彭泽、首辅费宏。费宏退休，杨廷和次子杨惇罢斥为民，受牵连者四十余人。张璁于当年十月由兵部侍郎升为礼部尚书兼文渊阁大学士，入阁不久，即发动了对杨廷和一派的清洗，先后将多人下狱，罢黜数十人，使御史台、翰林院为之一空。

嘉靖七年（1528年）六月，《明伦大典》以世宗的旨意修成后，颁行天下。世宗以钦定法典的形式，对持续七年的大礼议进行了总结，给自己树立了正统地位，终于以强权取得了这场斗争的全胜。同时，他重新给议礼诸臣定罪，杨廷和为罪魁。杨廷和突然去世，与这次重大打击不无关系。

杨慎一直盼望朝廷赦免，再被起用。没想到最后他在朝中的援手尽失，形势的变化对他越来越不利，世宗心胸的狭窄使他更感危险。杨慎贬滇后，世宗常问阁臣杨慎怎么样了，阁臣说他颓废、老病，皇帝才稍觉放心。对此，杨慎感到极为失望和不安，他既担心张璁、桂萼罗织罪名，更怕世宗无端降祸。他预感赦还的可能性很小，心灰意冷。在云南张含、王廷表、李元阳、杨士云、胡廷禄、唐锜、吴懋这"杨门七子"的陪同下，终日访古探幽，游山玩水，还有一批慕杨状元盛名的各族士人从游问学，一时传为盛事。为了自保，他常佯狂放纵，故作颓废，开始过起一种诗酒唱和、纵情声色的生活。

嘉靖九年（1530年）二月，李元阳陪他重游了大理，为时四十天，自龙尾关开始，上关水月楼结束。杨慎写了不少诗文，其中有《苍山杂咏》一卷，还有《游点苍山记》等。他们游点苍山时投宿通感寺，一天夜里，两人篝火对坐，听寺僧诵经，字音多讹。杨慎便在通感寺前住了二十天，"操笔书转注之例约千余字，汇为一编"，名《转注古音略》，成为古韵学史上一部承前启后的名著。李元阳将此楼题名"写韵楼"。此后，杨慎曾数游通感寺，读书著述、教授生徒。"一时问字者，肩摩山麓"，促进了云南文化的发展，成为云南文化史上的一段佳话。

嘉靖十一年（1532年）正月，云南布政使高公韶聘请他到昆明编修《云南通志》，住在武侯祠。两年后的春天，杨慎回到安宁不久，王廷表接他到阿迷（今云南开远）居住。当时他已十年戍旅，年将半百。

按朝廷军政条例规定，永远充军之人，年满六十可由子侄代替服役。既然赦免无望，只有由子替役一途。但黄峨婚后未育，他膝下无子。于是途经临安（今云南建水）时，他娶了周氏为偏房，想生个儿子，顶替军籍，自己可以老归故乡。次年六月，果得一子，名同仁。

王廷表的父亲王颖斌特意在坊内建了状元楼欢迎杨慎，留他与王廷表一同读书、著述。杨慎在阿迷流连数月，除与好友遍游临安、通海、江川、澄江等滇南胜迹，还与王廷表朝夕研习，诗酒唱酬，曾一夕成《梅花诗》百首，王廷表一一奉和，一时传为佳话。

奉戎役回蜀　聊解乡愁

在杨慎四处漫游的这些年中，朝廷人事发生了较大的变化。张璁和桂萼控制内阁的时间并不长，桂萼先失去世宗信任，于嘉靖十年（1531年）去职，次年病逝。次年八月，张璁因婉拒皇帝为兴献王在太庙立牌位被罢免，一年后又被召回，终因不顺帝意，于嘉靖十四年（1535年）退休。世宗又召费宏入阁，担任首辅。这又燃起了杨慎被召还的希望。费宏可能曾有书信给杨慎，问他情况。他曾在嘉靖十五年（1536年）七月二十四日写了《答费钟石宗伯》，回忆翰林院生活，诉说如今处境，求费宏营救他回朝："屈指万三千里路，回首二十一春风。秋来剩有南飞雁，肯赎苏卿雪窖中。"可惜费宏入阁三月就因病去世，他的希望再次落空。

自嘉靖十二年至十八年，朝廷六次大赦天下，唯独不赦杨慎、丰熙、王元正、马录、吕经、冯恩、刘济、邵经邦八人，并对上疏请求宽宥议礼诸臣的大臣严加处罚，使杨慎日益清醒地认识到心胸狭隘的世宗对他的嫉恨难以消解，知道召还已绝无希望。好在云南的人事关系对他颇为有利，他的好友顾应祥、同年汪文盛相继担任云南巡抚，给了他许多照顾。四川巡抚也设法照顾他，杨慎身在军籍，便以调赴兵役的名义给他回乡的方便。

嘉靖十五年（1536年），杨慎出军差回蜀，到泸州吊念姨母，遵从她的遗愿，为她作了墓志铭。两年后的冬天，他又出军差取道元谋，渡金沙江，经环州，从西路入蜀，经过汉源至荥经到达大邑，从大邑便道回新都，拜扫先人坟墓，与阔别十年的黄峨团聚。而后仍由西路返滇。同年十一月，他再领军差，从东道入蜀，由贵竹（今贵州贵阳）、遵义到渝州（今重庆）。次年差事完毕后，由渝州北上，经遂宁回新都。五月，他与黄峨一起到遂宁为岳母祝寿，七月又回新都。杨慎旧交韩士英任贵州巡抚，聘他为嘉靖十九年（1540年）乡试主考官。杨慎八月由蜀入黔，滞留到年底，在贵竹过了新年，之后又经遵义、梓潼北上回蜀，元宵节后经成都回到新都，在家里住了半年。

嘉靖二十年（1541年），杨慎应四川巡抚刘大谟之邀回成都纂修省志。他负责其中的艺文志，单独编为《全蜀艺文志》。编书完毕于次年七月回到戍所。

当时杨慎已五十五岁，流放云南十九年。为了生子替役，当年八月他又娶了北京人曹氏为偏房。嘉靖二十二年（1543年）春，杨慎又领军差回蜀，从安宁经杨林前往江阳（今四川泸州）。六月八日，他在泸州得到家书，得知曹氏为他生了一个儿子，老年得子的他十分高兴。这年冬初，他还匆匆赶回安宁受贺。岁末，他又匆促还蜀，以出军差的名义寄居泸州。七八年间，杨慎频频以处理军务出差的方式回蜀，得以与家人暂时团聚，但由于刘大谟去世和杨慎年事日高，经不起往返劳顿，嘉靖二十四年后便不再以出军差名义归乡。

永不获赦　老死边荒

明代十六个皇帝中只有五人活过四十岁，仁宗至武宗这八个皇帝都不满四十而崩。世宗为追求长寿，于嘉靖二十一年（1542年）移居西苑离宫，专心奉道修炼，二十余年不上朝，除少数值班听命的大臣，百官难得一睹龙颜。他活了六十岁，统治明朝四十五年。这对杨慎来说，无疑是个极大的不幸。

世宗移居西苑，一心修炼时，张璁、桂萼在朝中的势力已烟消云散，继费宏出任内阁首辅的李时生性宽和，爱惜人才；继李时出任内阁首辅的夏言在政纲上支持杨廷和，对世宗刚愎自用、修炼误国多有抵制，但他们没有特别关照杨慎，当然也没有为难他。

嘉靖二十一年（1542年），严嵩入阁，前后把持朝政二十年之久。他是中国历史上有名的奸相，但与杨慎是故交。入阁之前的严嵩似乎还算不上奸臣。从杨慎给严嵩的诗中可以看出，严嵩似曾答应救助他。

嘉靖二十六年（1547年），杨慎把家从安宁迁至昆明，定居高峣海庄。这是他十年前置下的另一处住房,位于"高峣海岸,景物最为奇胜"。这里原是杨慎故友毛玉的故居,毛玉是弘治十八年进士,大礼议中,下狱受杖而死。海庄原有萃芳园,遍植梅花。院内有旷如、会心、萃芳三亭。杨慎定居于此后,又新建了三玄亭、一萍轩、朝晖楼,好友顾应祥还出资为杨慎构筑了广心楼。

杨慎万里远戍,长期罢黜,使他对民间疾苦有了深入了解。他常常不顾罪卒身份,为民请命,造福于百姓,云南人民在多处立祠纪念,至今不忘。安宁有四口盐井,又是昆明最大的牛市,州官总想多征牛盐税。当时杨慎客居于此,于是"言语当道",使安宁人民得以免除增税。两年后,安宁新开盐井建成,请杨慎作记,他在记中倡导新井应该富民,不能"上肥下瘦",故安宁人深感他的恩德。安宁和高峣都临滇池,滇池在昆明境内的出水口叫海口,为滇池咽喉。一些豪绅利用疏浚海口之机谋利自肥,欲壑难填,而"四州八县之民,劳悴瘟疫,死者以万记,臭达于数里"。杨慎写了《海门行》《后海门行》等诗痛加抨击:"疏浚海口银十万,委官欢喜海夫怨",并呼吁"安得仁人罢此宴,亿兆歌舞如更生"。揭露浚海危害百姓,破坏自然环境,恳请云南巡抚赵炳然"俯从舆议,悯民劳而小康之,顺人心而亟止之"。赵炳然听从了他的建议,环湖人民无不感恩戴德。

杨慎到高峣定居时已年过六十,已知回朝无望,只渴望早日回归故里,与亲人团聚。"三十从军今白头,何日归隐蜀山岑?"他在云南娶的周氏所生之子已经成年,可以替役。他请求云南军政当局按条例的规定,允许他由儿子替役,放他还乡。但云南地方官员没有朝廷命令不敢答应。他写信向时任云南巡抚的鲍象贤诉说了自己流放南荒的凄苦:"奉别左右今三十年,执事年逾耳顺,而不肖又加三矣……在滇居者一妾二子皆幼弱,一旦奄忽……死者为填海之游魂,生者为异域之乞丐必矣!"

杨慎认为自己两眼昏花,四肢麻木,已不能再服军役。由儿子按期顶替,法律条例都符合。朝中当权的严嵩以前与他关系密切,在人事上也没有障碍。鲍象贤接信后,似曾上奏,许其还乡。他在给朋友的诗中说:"乡国怀归近有期,灯花先报主人知。"

但事情中途生变。杨慎与严嵩在人品上有天壤之别。严嵩一味逢迎世宗,老于世故,处事奸猾。他深知世宗专断固执,对杨氏父子嫉恨深重,在杨慎赦还乡的问题上一直不肯"显言",使杨慎终不得还。这年他已六十五岁,流放云南已二十八年。赦还和替役的努力均告失败,杨慎还乡之路彻底断绝。鲍象贤极力周旋,嘉靖三十二年(1553年)秋,借派赴兵役的名义,使他归蜀,默许他久居江阳。

江阳是通往滇黔的咽喉要道,杨慎谪戍云南后,往返滇蜀十四回,曾多次路过此地。这次选其作为晚年安身之处,一是考虑此次回蜀是云南当局的私自决定,江阳地处滇蜀交界之处,居此以示徘徊于滇蜀之间,有理可说;二是他姨夫韩苍雪是江阳名门望族,在人事上可获照看。他在城西僻静之处建了一所宅院,有蕊珠楼、芸香阁、长廊院落,想在此读书养性,了此一生。

杨慎每到一地,都有人从其问学,在当地也收了不少门生。他担心世宗追查他谪戍境况,不得不像在云南一样,佯狂自纵。"在泸州尝醉,胡粉傅面,作双丫髻,插花,门生舁之,诸伎捧觞,游行城市,了不为怍。"后来沈自晋据此编了杂剧《杨升庵诗酒簪花髻》。

杨慎到江阳后,迭遭不幸。先是儿子同仁突然亡故。他年已七十,晚年丧子,痛不欲生。杨慎因在江阳易睹物伤情,便返回新都看望黄峨和兄弟。亲人相见,自然高兴,在庭院设宴,饮酒赋诗,不想二弟杨惇在宴席上中风而逝。他带着丧子的伤痛还家,又遇到二弟溘然长逝,不禁悲叹道:"余生则先,弟亡则前""又弱一个,何忍余捐"。

长子同仁没有子嗣;次子宁仁嘉靖三十七年(1558年)已满十五岁,这年春天,杨慎为宁仁娶妻,希望早有子嗣。是年秋,他返回新都,看望亲人。没想到,这是他有生之年最后一次回到故乡。因为鲍象贤已于三年前离任,继任云南巡抚的王昺在这年冬天突然派人来到江阳,将杨慎押解回滇。这对年老体弱、风烛残年的杨慎无疑是个晴天霹雳。

杨慎十月离开江阳,天已飘雪。他步履维艰,历时四十日,行程三千里,终于在十一月十三日到达昆明。这时王昺已因贪污罢任,由游居敬接任巡抚。杨慎报到后,游居敬担心滇中有人会上告朝廷,不敢更改王昺的决定,擅令杨慎返蜀,命他仍住高峣海庄。高峣的乡邻听说杨慎回来,都煮了肉、拿来酒来安慰他。他在高峣养息了一段时间。但大概出于政治忌讳,云南当局仍要求他回永昌戍所。嘉靖三十八年(1559年)四月,杨慎回到了永昌。当时,只有老态龙钟的张含来迎接他了。他被安置在城北卧佛寺,朝听晨钟,晚闻暮鼓,被疾病折磨。想到沉疴难起,来日无多,还乡无望,内心无比痛苦。他原本一片丹心,想辅佐皇上成为尧舜那样的明君,结果却成为罪囚,半生贬谪,最后终成滇海之游魂,便于六月末悲愤地写下绝笔诗《病中永诀李张唐三公》:

"……知我罪我《春秋》笔,今吾故吾《逍遥》篇。中溪半谷城南叟,此意非公谁与传。"

明人记载，这一年七月六日，杨慎病逝于永昌卧佛寺。游居敬命灵柩返回新都，黄峨以七十之躯，徒步奔丧，至江阳遇到杨慎灵柩，仿南朝梁代女诗人刘令娴《祭夫文》自作哀悼之文，情礼备至，并把次子宁仁带回抚养教育。当年冬天，杨慎遗体葬于新都城外其父墓侧。

杨慎出身显贵，状元及第，才华横溢，任职翰林，本可成一代重臣，但他为人正直，不顾安危，在大礼议中获罪，终身流放，这是他人生之大不幸。但他不甘为天地之蠹，埋头著述，著作等身，却是学术之大幸。尽管图书资料奇缺，但他以被逐罪臣的身份，凭苦学、实践、记忆，在云南写出了不少笔记、选本及注释性书籍，如《南诏野史》《云南通志》《云南山川志》《南中志》《记古滇说》等。

他晚年回顾自己一生，说自己"临利不敢先人，见义不敢后身。谅无补于事业，要不负于君亲。遭逢太平，以处安边，歌咏击壤，以终余年。天之顾畀厚矣，笃矣！吾之涯分止矣，足矣！困而亨，冲而盈，宠为辱，平为福者也。"

杨慎是中国古代最杰出的诗人之一，计存诗约2300首，所写内容极为广泛。他在"前七子"倡导"文必秦汉、诗必盛唐"，复古风气盛行的时候，能别张垒壁，广泛吸收六朝、初唐诗歌之长，形成他"浓丽婉至"的诗歌风格。

杨慎还是我国哲学史上处于转变时期的一个重要人物，是十七世纪启蒙思想的先驱。他对明朝开国以来最高统治阶级尊崇的程（颐）朱（熹）理学进行了批判，程朱理学是当时的官方哲学，朱子在当时是神圣不可侵犯的偶像；而王守仁心学当时风靡一时，天下宗之，他却对心学的源流、弊病及产生的恶果，做了振聋发聩的揭露，成为明代反对宋明理学的先驱。他具有朴素的唯物主义思想和丰富的辩证法思想，在认识论上提出了"知不若行"、实践第一的观点；他认为情欲是人性的一种表现，在理性的支配下应该得到满足。他的启蒙思想开一代风气，对后世产生了深远的影响。

杨慎还具有丰富多彩的史学思想。他不迷信历史，不盲目相信历史，认为读史应独立思考。认为善疑是学者成功之始。他突破了前人以为小说虚妄不足以证史的旧说，采录小说证史。在我国漫长的历史上，改朝换代，不断赓续。几乎每个朝代开始，一些儒家的信徒便尊古奉今，尊之为"圣法"，认为恢复旧制度，就可以使社会长治久安。杨慎在哲学思想上认为万物皆变，用这一观点观察历史，认为社会也是不断变化的，反对"党往仇来，荣古陋今"，坚持了历史进化论的观点。他指出历史的发展不取决于"圣人之意"，而是决定于当时的客观情势。在用人制度上，他认为"天下有贵人，无贵族"，主张"立贤无方"，用人唯贤，反对"官人以世"，任人唯亲。他重视民族史和自然史的研究，其《云南山川志》《滇载记》《滇候记》等著作得风气之先，已初见自然科学复兴之端倪。

另外，杨慎还在训诂考据学上做出了突出贡献。自王守仁创为心学，"削经铲史，驱儒归禅"，空谈心性之风笼罩天下，倡导在"简易"上下功夫，以不读书为"忘言观妙"。他反对这种束书不观、游谈无根的学风，批评理学家们"使事实不明千载，而虚谈大误后人"。他主张博学，多闻多识，重视字学和古音的研究，训诂章句言必有征，提倡一种新的治学方法，这导致了清代考据学的兴起。考据学经历了肇端、发展、完善的过程,杨慎在这个过程中开其先路,功不可没。

据《升庵杨慎年谱》记载,杨慎平生著作达四百余种。李调元刊《函海》时,曾作专辑收录他所著之书。《明史》杨慎传说:"明世记诵之博,著作之富,推慎第一。" 李贽在《续焚书》中说:"升庵先生固是才学卓越,人品俊伟,然得弟读之,益光彩焕发,流光百世也。岷江不出人则已,一出人则为李谪仙、苏坡仙、杨戍仙,为唐代、宋代并我朝特出,可怪也哉!"明代中后期的大学者焦竑学识的通洽在明代与杨慎齐名,但他极为崇拜杨慎。杨慎去世后,他辛勤搜集杨慎流散的著作,"购之数十年""致力搜罗",编成百卷《升庵外集》。唯物主义思想家王夫之称杨慎的诗"三百年来最上乘"。《四库全书》收录了杨慎二十九种著述,评价"慎以博洽冠一时,其诗含吐六朝,于明代独立门户"。史学大师陈寅恪对杨慎给予了极高评价:"杨用修为人,才高学博,有明一代,罕有其匹。"

杨慎是明代著名的文学家、思想家、学者,在中国文化史上具有重要的地位和影响。他挺然崛起,高峰耸峙,无所依傍,成四百余年来之人杰。一生历弘治、正德、嘉靖三朝,命运多舛,大起大落,大半生流放云南,极为不幸。但他也因此为中原文化在云南的传播,为云南民族文化的发展做出了重要贡献。云南人民常把他与诸葛亮相提并论,共同祭祀。他是中国文化刚直不阿、修洁纯粹、勤奋博雅、逆境奋进的代表人物,他的光芒在经历了历史的遮蔽之后,更显得灿烂辉煌。

杨慎自认为一生为国,不谋私利。谪戍之前,想做一番事业,遭遇不幸,则安时处顺,以终余年。他少年时随祖父学《易》,两旬即通,但未能真正理解。经历了命运多舛的人生,终于领悟了《易》中困与吉、空与满、宠与辱、平与陂都是可以转化的。他对历史与命运的认识，在《临江仙》这首词中已说得明白：

滚滚长江东逝水，浪花淘尽英雄。是非成败转头空。青山依旧在，几度夕阳红。

白发渔樵江渚上，惯看秋月春风。一壶浊酒喜相逢。古今多少事，都付笑谈中。

（卢一萍　撰稿）

【延伸阅读】

著述

作为明代三才子之首、状元郎、饱学之士的杨慎，一生著作等身。明王世贞《艺苑卮言》录杨慎自撰之书四十三种，所编之书四十五种，共八十八种。《四库全书》称杨慎"平生所叙录不下两百余种"，收录四十二种。清李调元《函海》收录杨慎著作四十五种，并编有《升庵著述总目》两百卷。2012年出版的《中国古籍总目》，应为迄今为止著录现存杨慎著述最全的书目，共收录二百五十七种。而杨慎流放云南时最亲密的朋友，号称杨慎研究第一人的简绍芳，在其所作《升庵先生年谱》之末记载："至其平生著述四百余种，散佚颇多"，是著录杨慎著述数量最多的文献。

廷杖

廷杖是皇帝惩罚大臣的一种肉刑，即用木杖击打臀部。在明代，多由锦衣卫来执行。此刑，既是对受刑者身体的摧残，更是精神的羞辱。轻则皮开肉绽，血肉模糊；重则立毙杖下。27岁即中状元的杨升庵，曾两次因大礼议事件遭廷杖，之后流放云南永昌卫，72岁逝于永昌戍所。

黄峨

黄峨，明代才女，杨慎之妻。与杨慎结婚后不久，杨慎因大礼议一事，直言呈谏，激怒明世宗，两受廷杖，谪赴云南，黄峨留居夫家，两人天各一方。在此期间，写下诗词以寄相思哀愁。其中，七律《寄外》一首堪称传诵不绝的名篇：

雁飞曾不度衡阳,锦字何由寄永昌?

三春花柳妾薄命,六诏风烟君断肠。

曰归曰归愁岁暮,其雨其雨怨朝阳。

相闻空有刀环约,何日金鸡下夜郎?

此词,明朝即已盛传,杨慎逝世后,曾刻于升庵祠。另首七绝《又寄升庵》,可与上诗对照阅读:

懒把音书寄日边,别离经岁又经年。

郎君自是无归计,何处青山不杜鹃。

相思之苦,哀怨缠绵,闻之使人肠断。

【后　记】

巴蜀多骄子，一脉耀千秋。

2017年，四川启动实施历史名人文化传承创新工程，首批推出大禹、李冰、落下闳、扬雄、诸葛亮、武则天、李白、杜甫、苏轼、杨慎十位四川历史名人。他们或铁肩担道义，或妙手著文章；或旷逸放达，风骨凛凛彪千古，或功高德劭，英名赫赫传万代；或心系天下，呕心沥血民胞物与，或穷极人天，创制新历垂宪后世……作为中华优秀传统文化的鲜活载体，他们承载着华夏民族博大精深的优良传统，奋进不息的创造精神，以及中华儿女辉耀寰宇的优秀品质。

传承是为了创造。为了"复活"名人，在实施四川历史名人文化传承创新工程领导小组的指导下，本书特别组建了三十人的创作团队，每一位历史名人的文章分别由一位作家、一位学者和一位记者合作完成。我们期望透过作家深情的心灵对话、学者理性的历史眼光、记者真切的现实观照,讲好每一位四川历史名人的故事。

十篇历史名人文章,每篇包括篇章页、主要行迹示意图、名人故事以及延伸阅读。篇章页以简单介绍名人的小传为主,另外放入了更能呈现人物形象的名人渲染图;主要行迹示意图则通过意象性的展示,简单勾勒出名人的主要行迹,有助于读者直观清晰地了解名人生平;名人故事作为正文主体部分,梳理每位历史人物的基本情况,将十位四川历史名人的事迹娓娓道来;延伸阅读通过链接名人典故或相关知识,使名人形象更加生动活泛。文中还配有若干精美彩图,以图片说史、证史,使图书具有丰富的样貌。

照亮历史的人,亦将照亮未来。本书在为四川历史名人"立此存照"的基础上,生动揭示这些引领巴蜀文脉的名人巨匠,曾经以怎样的智慧和贡献被世人传唱,又将以怎样的思想和精神激活历史、融入当代、走向未来,让读者在读书品人的温情与敬意中,真切感受和体悟名人文化代代相传、历久弥新的感染力和生命力。

好书如一座桥梁,能载人通往现实不能抵达的远方。本书就期望成为这样一座桥梁——通往巴蜀历史秘道,去仰望上自大禹时代,下迄明朝中叶的浩瀚历史文化星空,去聆听萦回不已的神秘时空回响,交前贤拜先彦,砥砺摩荡,激越情思,让精神来一次向上、再向上的华丽飞扬。

《四川历史名人读本》创作团队

大　禹：张　杰　段　渝　阿贝尔
李　冰：王国平　彭邦本　黄　勇
落下闳：李殿元　查有梁　凌仕江
扬　雄：蒋　蓝　熊良智　龙在宇
诸葛亮：曾　勋　梅铮铮　杨献平
武则天：张立东　谢元鲁　熊　莺
李　白：冯小涓　王红霞　吴晓玲
杜　甫：阿　来　徐希平　肖姗姗
苏　轼：刘小川　周裕锴　姜　明
杨　慎：卢一萍　郭　齐　陈露耘